Das Geheimnis der Zahlen

ECON Esoterik und Leben

Zum Autor:

Daniel Jacobs ist ein deutsch-amerikanischer Esoterikspezia-
list, der sich seit über zwanzig Jahren mit Numerologie, Zah-
lenpsychologie und Zahlenmagie, Astrologie, Tarot und
Metaphysik beschäftigt.

Daniel Jacobs

Das Geheimnis der Zahlen

Was Ihre persönlichen Zahlen Ihnen verraten

ECON Taschenbuch Verlag

Originalausgabe

© 1996 by ECON Verlag GmbH, Düsseldorf

Umschlaggestaltung: KKK, Köln
Die Ratschläge in diesem Buch sind von Autor und Verlag sorgfältig er-
wogen und geprüft; dennoch kann eine Garantie nicht übernommen wer-
den. Eine Haftung des Autors bzw. des Verlags und seiner Beauftragten
für Personen-, Sach- und Vermögensschäden ist ausgeschlossen.
Lektorat: Andrea Kaufmann
Gesetzt aus der Rotis Serif/Rotis Sans Serif
Herstellung und Satz: Alinea GmbH, München
Printed in Germany
Druck- und Bindearbeiten: Ebner Ulm
Printed in Germany
ISBN 3-612-19009-1

Inhalt

Die Zahl ist das Wesen aller Dinge
– Pythagoras

Das alles bin ich heute
Und meine Summe
Ist die geheime Zahl
Der Ewigkeit.
Oda Schaefer

1 Goethes Hexeneinmaleins – Jetzt schlägt's aber dreizehn

Zahlen in Dichtung und Alltag

Du mußt verstehn!
Aus Eins mach Zehn
Und Zwei laß gehn,
Und Drei mach gleich,
So bist du reich.
Verlier die Vier!
Aus Fünf und Sechs,
So sagt die Hex':
Mach Sieben und Acht,
So ist's vollbracht:
Und Neun ist Eins,
Und Zehn ist keins.
Das ist das Hexen-Einmal-Eins.
Johann Wolfgang von Goethe

Dieser Vers aus dem *Faust* beschreibt, nach welcher Formel Mephisto dem alternden Faust auf dessen Wunsch einen Verjüngungs- und Liebestrank zubereitet. Hinter dieser nur scheinbar nichtssagenden »Zahlenspielerei« steckt das »magische Saturnquadrat«, das einen »vorübergehenden sexuellen Rauschzustand und Liebestollheit für eine gewisse Zeit bei Faust (herbeiführen konnte), niemals aber … eine tiefempfundene, dauerhafte Liebe und Treue«.

Der verstorbene Metaphysiker, Astrologe und Numerologe Johannes Vehlow hat aus dieser »absichtlich schwarz-magisch verzerrten« Zahlenzauberei des sogenannten Hexen-Einmaleins das ursprüngliche, weiß-magische »Magische Einmalmaleins« abgeleitet, zu dem er selber schreibt:

»Hiermit aber hätte Faust … nicht erotisiert und in die Zwangsvorstellung einer Verjüngung gebracht werden können, sondern eher eine Ernüchterung erfahren, die ihn bei richtiger Behandlung die Unsinnigkeit seines Treibens mit dem Teufel hätte erkennen lassen.« (Johannes Vehlow, *Astrologie*, Bd. VIII, S. 98; siehe Literaturhinweise)

Hier also Vehlows »richtiges« Hexen-Einmaleins:

Du mußt versteh'n
Aus Eins mach Zehn,
Und Zwei laß geh'n,
Und Drei mach gleich,
So bist du reich.
Behalt die Vier!
Und merke dir,
Daß Fünf bleibt steh'n!
Dann wirst Du seh'n,
Mit Sechs in Acht
Ist's bald vollbracht.
Bring Sieben nach Fünf
Und laß die Acht!
Denn Neun ist Eins,
Und Zehn ist keins.
Das ist das Magische
Ein-Mal-Eins.

Goethes Geburtstag war übrigens der 28.8.1749. Die Quersumme des Geburtsdatums ergibt: $2+8+8+1+7+4+9=39$ $=3+9=12=1+2=3$. Goethe entfaltete sich also gemäß der Zahlen 12 bzw. 3. Lesen Sie die Deutungshinweise zur Zahl 12 bzw. zur Zahl 3 in den folgenden Kapiteln, und machen Sie sich ein eigenes Bild, ob diese Aussagen zutreffen oder nicht.

Zahlen haben in Dichtung und Volksmund immer wieder eine Rolle gespielt. Es gibt in Märchen *einen* weisen König, *einen* Helden oder *eine* Heldin, *einen* Weisen. Wenn es sich um die Auseinandersetzung zwischen Gut und Böse handelt, dann tauchen selbstverständlich *zwei* Gegenspieler auf – die zwei Schwestern, von denen eine gut und eine böse ist, und so fort.

Aller guten Dinge sind *drei,* drei Brüder oder Schwestern tauchen in vielen Märchen auf – wobei meist die oder der jüngste zur Wahrheit oder zum Glück findet. Ein wunderschönes Gedicht von Friedrich von Schiller heißt »Drei Worte sag' ich dir, inhaltsschwer …«

Vier Himmelsrichtungen kennen wir, das tapfere Schneiderlein erledigt »sieben auf einen Streich«, Schneewittchen begegnet sieben Zwergen, die sie retten.

»Alle Neune«, heißt es beim traditionellen Kegeln, und wer das zuwege bringt, hat etwas »Vollkommenes« geschafft. Das amerikanische Bowling hat auf zehn aufgestockt.

Sicher kennen Sie das Lied von den »zehn kleinen Negerlein«, von denen immer noch eins aus den unterschiedlichsten Gründen verschwindet, bis schließlich keins mehr übrigbleibt.

Elf Spieler bilden eine Fußballmannschaft, die Karnevalszeit beginnt am 11.11. um 11 Uhr 11. Zwölf Monate hat das Jahr, »im Dutzend billiger« gibt es manche Waren. Und wenn es »dreizehn schlägt«, dann ist ein Geduldsfaden gerissen oder ein Faß zum Überlaufen gebracht worden.

Zahlen haben nicht nur in der Dichtung eine symbolische Rolle, sondern sie besitzen auch im Alltag eine fast magische Funktion. Denken Sie daran, daß Preise zum Beispiel eher 9,99 als 10,00 lauten, oder 898 anstatt 900. Obwohl der Unterschied in realem Geld praktisch völlig unerheblich ist, übt die Unterschreitung einer gedachten Zahlengrenze die faszinierende Wirkung aus, daß wir ein Produkt unbewußt als billiger empfinden.

Welcher Gastgeber bittet gern dreizehn Gäste zu Tisch? Wie häufig ist es Ihnen selbst schon aufgefallen, daß Sie immer wieder auf »Ihre« Zahlen stoßen – sei es bei den Nummern von Hotelzimmern, Schließfach- oder Hausnummern, Autokennzeichen und so fort. Die meisten Lotto- und RoulettespielerInnen folgen einem geradezu abergläubischen »sechsten Sinn« und halten an ihren ganz speziellen Gewinnzahlen fest.

Was war eigentlich zuerst da – die Sprache oder die Zahl, Worte oder Zählsymbole? Das Johannes-Evangelium beginnt bekantlich mit den Worten »Am Anfang war das *Wort* ...« Gab es in den Kulturen dieser Welt also zuerst eine Buchstaben- und Schriftsprache, bevor sich der Umgang mit Ziffern und Nummern entwickelte? Das meinten bisher die meisten Experten.

Neuere Forschungen (von Hans J. Andersen, veröffentlicht im Buch »*Am Anfang war die Zahl*«, siehe Literaturhinweise im Anhang) ergeben ein anderes Bild. Demnach entstanden erst besondere Zeichen für Zahlen, und daraus entwickelten sich später dann Buchstaben. Das läßt sich vor allem bei der Runenschrift recht überzeugend nachvollziehen, wie Andersen zeigt.

Offensichtlich könnte es keine Mathematik ohne Zahlen geben, keine Geometrie, keine Physik und so weiter – aber auch keine komplexe Wirtschaft, die statt auf den alten direkten Warentausch auf die indirekte Bezahlung mit Geld aufbaut. Ohne Zahlen gibt es keine Bezahlung, keine komplizierteren Finanzgeschäfte, keine Statistik ... und auch keine detaillierten Telefon- und Stromabrechnungen sowie Steuerbescheide, bei denen man vor lauter Zahlen den Wald, d. h. den Sinn, gar nicht mehr erkennen kann.

Sogar im Bereich der Gesellschaft üben bestimmte Zahlen »magische Wirkungen« aus: man spricht von sogenannten »Schallmauern« oder »psychologischen Barrieren« bei Wechselkursen – ob zum Beispiel der US-Dollar unter oder über DM 1,50 kostet –, bei Arbeitslosen- und Inflationszahlen – ob die Inflation unter oder über drei Prozent liegt –, und Sie selbst kommen sicher noch auf viele andere Beispiele. Manche LeserInnen werden sich noch an eine Beschwörungsformel eines früheren deutschen Bundeskanzlers erinnern, die lautete: »Besser 5 % Inflation als 5 % Arbeitslose« (die ihm zunächst noch einmal half, sich politisch über Wasser zu halten – es war übrigens Helmut Schmidt).

Eine Welt ohne Zahlen ist uns nicht (mehr) vorstellbar. Zahlen bestimmen unser Leben, unsere Zeiteinteilung. Im Geburtsschein wird notiert, an welchem Tag in welchem Monat und in welchem Jahr wir geboren sind, meist kommt die genaue Geburtszeit hinzu (und ohne all das würde die Basis für eine Horoskoperstellung wegfallen).

Zahlen haben jedoch nicht nur zweckmäßige Funktionen für Wirtschaft und Gesellschaft, sondern sie sind auch Träger bzw. Symbole besonderer innerer Kräfte. Das Wesen der Zahl ist innerlich, auch wenn ihre Anwendung äußerlich stattfindet. Numerologen, Menschen also, die sich mit Zahlen beschäftigen, sind der Ansicht, daß die Erkenntnis der verborgenen Essenz von Zahlen Menschen hilft, sich selbst, ihren Lebensrhythmus und das Zusammenspiel mit ihrer Umwelt besser zu verstehen. Um mythische Merkmale von Zahlen und ihre symbolhaften Qualitäten geht es im nächsten Abschnitt.

2 Das Jahr mit zwölf Monaten, das Buch mit sieben Siegeln

Magische Zahlen in Kultur und Religion – Numerologie als Zahlenmagie, Zahlenpsychologie und Zahlenweisheit

Die Zahl 1

Die monotheistischen Religionen bekennen sich zu einem einzigen Gott (wobei der Islam dem Christentum vorhält, es verehre letztlich doch »drei Götter« und nicht einen, nämlich Gott-Vater, Gott-Sohn und den Heiligen Geist). »Es gibt keinen Gott außer Gott« lautet das grundlegende Glaubensbekenntnis des Islam.

Auch das *TAO* ist ein Symbol für die Einheit, die sich in der Zahl 1 ausdrücken läßt.

Zwei körperliche Augen sehen die körperliche Welt, das eine spirituelle Auge oder Einzelauge sieht Gott: »Wenn dein Auge einfältig ist, wird dein ganzer Leib licht sein«, heißt es im Neuen Testament.

Aus der Einheit und dem geistigen Ursprung der 1 ergibt sich die Zweiheit und die körperliche Form der 2.

Die Zahl 2

Yin und *Yang*, die Dualität von Licht und Dunkel, von Mann und Frau, von Geist und Form, von aktiv und passiv, von positiv und negativ, findet ihren symbolischen Ausdruck in der Zahl 2.

Die 2 steht für die Trennung von der Einheit, für die Wahrnehmung von »Ich« und »Du«. Es ist die Aufspaltung bzw. Gegenüberstellung von Adam und Eva, Sonne und Mond, Himmel und Erde, Materie und Geist.

Wo immer im Leben Polarität existiert – sei es beim elektrischen Wechselstrom oder in der Auseinandersetzung zwischen Menschen, Firmen, Völkern oder Religionen –, spiegelt die Zahl 2 das Wesen dieser Polarität wider: Begegnung und Auseinandersetzung, Anziehung und Abstoßung, Zug und Druck, eben die Balance zwischen Kräften.

Die Zahl 3

Die »heilige Dreieinigkeit« der Christen findet eine Entsprechung im Hinduismus, in dem drei Gottesaspekte – nämlich Brahma, der Schöpfer, Vishnu, der Erhalter, und Shiva, der Erlöser – die »Dreikraft« von *Trimurti* bilden, die in der Ebene von *Trikuti* residieren.

Die Helden und Heldinnen in Märchen und Mythen werden oft dreimal geprüft und müssen sich dreimal bewähren, bevor sie ihr Ziel erreichen. Jesus von Nazareth wurde dreimal vom Satan (Luzifer, »Teufel«, Kal, Ego) versucht (er sollte Steine in Brot verwandeln, vom Tempel von Jerusalem herunterspringen, um sich von Gott auffangen zu lassen, und schließlich bot ihm Luzifer die Herrschaft über die gesamte Welt an, wenn er, Jesus, sich vor ihm, Luzifer, verneigen würde).

Drei Welten, von denen manche mystische Wege sprechen – die irdische, die astrale und die kausale Welt –, unterstehen der Herrschaft von Kal bzw. Luzifer. Erst wenn man diese drei Welten losläßt, kann die Seele Befreiung erlangen. Dazu muß sich die Seele – mit Hilfe einer erleuchteten Seele bzw. eines kompetenten Meisters – von den drei Arten von Karma befreien, von Sanchit-, Pralabd- und Kriyaman-Karma (altes Karma früherer Leben, Karma dieses Lebens, neues Karma, das wir in diesem Leben aus freiem Willen neu schaffen).

Die Zahl 4

Vier Evangelien bilden das Fundament des Neuen Testaments, vier Apostel nehmen dadurch eine herausragende Stellung ein: Matthäus, Markus, Lukas und Johannes.

Vier Enden weist das Kreuz auf, das Jesus von Nazareth und symbolisch alle Menschen tragen. In diesem Kreuz verdichten sich Leiden im Leben und Überwindung von Leiden durch ewiges Leben.

Vier edle Wahrheiten hat der Buddha vor mehr als 2500 Jahren verkündet: die Wahrheit, daß alles Leben letztlich Leiden ist, die Wahrheit, daß dieses Leiden durch die Verhaftung an die körperliche Existenz und den Wunsch nach körperlichen Erfahrungen entsteht, die Wahrheit, daß dieses Leiden – obwohl ohne Anfang – doch enden kann und schließlich die Wahrheit, daß der achtfache Pfad der Weg zur Beendigung sei.

Vier Weltzeitalter soll es geben, das »Goldene Zeitalter« (Satya Yuga), das »Silberne (oder dreifachglückliche) Zeitalter« (Treta Yuga), das »Bronzene (oder zweifachglückliche) Zeitalter« (Dvapara Yuga) und schließlich das »Eiserne Zeitalter« (Kali Yuga), in dem wir jetzt gerade leben, das wiederum von einem goldenen Zeitalter abgelöst wird. Unsere Zeit ist die notvollste, aber auch die gnadenreichste Zeit, weil aufrichtige Seelen – wenn sie aus tiefem Herzen nach der Wahrheit suchen, einen spirituellen Lehrer annehmen und meditieren – in kürzerer Zeit als in den anderen Zeitaltern zu Gott finden können.

Aus vier Elementen ist das irdische Leben zusammengesetzt – aus Wasser, Erde, Feuer und Luft. Erst das fünfte Element, Äther = Bewußtsein, bildet den geistigen Gegenpol zur Erdgebundenheit und stellt zugleich die Brücke dar, um die »Vierheit« zu überwinden und zum Ursprung der menschlichen Seele in die spirituellen Sphären zurückzugelangen.

Die Zahl 5

Fünfmal am Tag beten die Muslime, das Gebet ist eines der fünf Säulen des Islam. Die anderen vier Säulen sind das Glaubensbekenntnis zu Allah als dem einzigen Gott, das Teilen der eigenen Habe mit Bedürftigen, die jährliche Fastenzeit des Ramadan sowie die Pilgerreise, die Hajj, nach Mekka, zumindest einmal im Leben.

Fünf irdische Sinne hat der Mensch – das Sehen, Hören, Riechen, Schmecken und Tasten. Fünf Elemente machen den Menschen aus, neben Wasser, Erde, Feuer und Luft das Element Äther, welches sein Bewußtsein symbolisiert, das er aus freien Stücken der Welt oder Gott zuwenden kann.

Die fünf Elemente der Chinesen haben damit übrigens nichts zu tun, sie stellen eine andere, völlig unabhängige Fünfer-Aufteilung dar: Holz (z. B. Bewegung, Wind), Feuer (Raum, Hitze), Erde (Umstände, Feuchtigkeit), Metall (Form, Trockenheit) und Wasser (Zeit, Kälte).

Numerologisch ist die Fünf bedeutsam, weil sie genau in der Mitte der Grundzahlen von 1 bis 9 steht. Sie symbolisiert deshalb auch die Freiheit des menschlichen Willens. Ein Pentagon, ein Fünfeck, dessen fünfte Zacke genau nach oben weist, gilt als Symbol des zu Gott strebenden Menschen; wenn diese Zacke gerade nach unten gerichtet ist und demzufolge zwei Zacken nach oben zeigen, sehen wir das Symbol des »gehörnten Teufels« vor uns, dessen Trachten auf die Materie gerichtet ist.

Die Zahl 6

In sechs Tagen hat Gott nach der Bibel seine Schöpfung vollbracht. Damit ist die Zahl 6 von altersher Symbol der Vollkommenheit der irdischen Schöpfung. Jesus von Nazareth soll in der sechsten Stunde des sechsten Tages gekreuzigt worden sein. Der jüdische Davidstern hat sechs Ecken und symbolisiert damit die Harmonie des Menschen, der physisch auf der Erde lebt und gleichzeitig geistig in Gott.

Man spricht vom »sechsten Sinn«, der eben über die irdischen Fähigkeiten hinausgeht.

Im klassischen indischen Yoga sind sechs hauptsächliche

Chakras oder feinstoffliche Energiezentren bekannt, nämlich das Wurzelchakra, das Sakralchakra, das Nabelchakra, das Herzchakra, das Kehlkopfchakra sowie das Augenchakra. Das siebente »Chakra«, der »tausendblättrige Lotos« am Scheitelzentrum, ist zwar ein Ort, an dem man Licht erleben kann, aber kein »Funktionschakra«. Das dort erfahrbare Licht ist vielmehr die Widerspiegelung von Licht aus der Astralebene.

Die Zahl 7

Am siebten Tage ruhte Gott, nachdem er sah, daß seine Schöpfung, die er an sechs Tagen vollbrachte, wohlgetan war. Nach manchen religiösen Traditionen gibt es sieben Himmel, und wir sprechen im Volksmund davon, daß jemand glücklich sei »wie im siebten Himmel«.

Unter nordamerikanischen Indianern sind sieben Riten bekannt, die ein Mensch durchläuft (dazu gehören der *vision quest*, also die Suche nach einem Omen und einer Lebensführung und Lebensaufgabe, der Sonnentanz und die Schwitzhütte).

Das Christentum kennt sieben Todsünden und sieben Kardinaltugenden. Plato nennt übrigens vier Kardinaltugenden, nämlich Weisheit, Gerechtigkeit, Maß und Mut. Die christliche Theologie fügte Glauben, Hoffnung und Liebe (auch im Sinne von Mildtätigkeit) hinzu.

Sieben Weltwunder nannte die Antike; mit sieben Gestirnen (Sonne, Mond, Merkur, Venus, Mars, Jupiter und Saturn) rechneten Astrologen lange Zeit, bevor drei weitere hinzukamen.

Die Zahl 8

Nach frühchristlicher Auffassung erfolgt die Auferstehung Christi am achten Schöpfungstag; im alten Babylon war 8 die Zahl der Gottheit, in der islamischen Kalligraphie und Architektur weisen achteckige Formen auf das Paradies hin.

Die liegende 8 bildet eine Lemniskate, die in sich verschlungene Form der ewig fließenden Energien.

Im Yoga gibt es die acht Glieder der Yoga-Übung, die aus Yama (ethischem Leben), Niyama (rechtem Streben), Asanas (Körperhaltungen), Pranayama (Atemkontrolle), Pratyahara (Innenkehr der Sinne), Dharana (Sammlung, Konzentration), Dhyana (Meditation) und dem sich daraus schließlich ergebenden Samadhi (Erleuchtung) besteht.

Der achtfache Pfad des Buddha kennt die rechte Selbsterkenntnis (der vier edlen Wahrheiten, siehe unter 4), das rechte Streben (der Welt zu entsagen, allen Geschöpfen gegenüber wohltätig zu sein und kein Geschöpf zu verletzen – »aller guten Dinge sind drei«!), rechtes Sprechen (der Meditationsmeister Kirpal Singh schlug vor, nur das zu sagen, was wahr, notwendig und liebevoll ist), rechtes Verhalten, rechten Erwerb des Lebensunterhalts, rechtes Bemühen (um ethische Vervollkommnung), rechte Bewußtheit und rechte Meditation.

Aus dem indischen Kulturraum sind acht übersinnliche Yoga-Kräfte bekannt: sich winzig klein machen zu können oder riesig groß, in der Luft zu schweben, entfernteste Objekte berühren zu können, mit Willenskraft auch dichteste Materie zu durchdringen, die Elemente zu beherrschen, das Universum zu beherrschen und sich alle Wünsche erfüllen zu können.

Im I Ging gibt es acht Kern-Trigramme – Himmel, Erde, Wind (oder Holz), Wasser, Feuer, Donner, Berg und See (siehe auch das ECON-Buch »Das neue I Ging« von Paul Sneddon in dieser Reihe).

Die Zahl 9

Troja wurde neun Jahre lang belagert, Odysseus war neun Jahre auf seiner Irrfahrt zurück in seine Heimat unterwegs, neun Engelhierarchien soll es geben. Die 9 ist die unendliche Energie der 8 und der göttliche Wille der 1, also die Vervollkommnung oder himmlische Vollkommenheit.

Die türkisch-persische Mystik spricht von neun Sphären, und auch im christlichen Mittelalter gab es Darstellungen, wie ein Menschlein auf der Erde seinen Kopf hinausstreckt und über sich neun Sphären sieht: zunächst die »sieben Planetensphären«, dann die Fixsternsphäre darüber und schließlich die Himmelssphäre dahinter bzw. darüber.

Im alten China wurden die Pagoden als neunstöckige Gebäude errichtet, wohl ebenfalls als äußeres Abbild neun kosmischer Sphären. Peking wurde vor Tausenden von Jahren als Stadt mit einem Zentrum und acht Zufahrtsstraßen gebaut, symbolisierte also erneut die 9.

Im indianischen Zentralamerika galt die 9 als Zahl der Unterwelt, der Erde und des mondbestimmten weiblichen Zyklus.

Die Zahl 10

Zehn biblische Namen Gottes finden wir im Alten Testament, und in zehn Formen tritt die Gottheit im hinduistischen Tantrismus auf. Zehn Avatare oder Inkarnationen Vishnus kennen seine Anhänger, wozu Rama, Krishna und Buddha gehören.

Die zehn Gebote des Christentums sind die vielleicht am weitesten verbreitete Zuordnung einer Zahl zu einem Sinn. Die jüdische Mystik, die Kabbala, spricht von zehn »Sefiroth«, von zehn Prinzipien oder Lichtern, welche den »Baum des Lebens« bilden.

Zehn Tore hat der Körper – neun führen die Aufmerksamkeit nach außen in die Welt von Raum, Zeit und Vergänglichkeit, eines führt nach innen, zur Quelle von Sein, Frieden, Liebe und Licht. Die neun Tore zur Außenwelt sind die beiden Augen, die beiden Ohren, die beiden Nasenlöcher, der Mund, das Geschlechts- und das Ausscheidungsorgan. Das zehnte Tor – das in Indien auch *Daswan Dar*, eben »zehntes Tor« heißt – ist das »Einzelauge«, das auch »drittes Auge« oder »Einauge« genannt wird oder »Sitz der Seele«. Es befindet sich hinter und zwischen den Augenbrauen (mehr auch im Buch »*Heilende Meditation*«, siehe Literaturhinweise).

Die 10 ist die höhere 1, sie symbolisiert den Durchbruch in eine neue Dimension.

Die Zahl 11

Das theologische Mittelalter sah in dieser Zahl eine »schlechte Zahl« – zwischen der 10 der Zehn Gebote Jahwes und der 12 der zwölf Apostel Jesu schien sie keinerlei göttlichen Bezug zu offenbaren.

Im Rund der Tierkreiszeichen ist das elfte das Zeichen Wassermann, das für Reform und Revolution, für Neuerung steht. Die 11 und ein Mehrfaches davon – also 22, 33 und so fort – gilt in der modernen Numerlogie jedoch als eine »Meisterzahl«. Es ist die erste zweistellige Primzahl, die aus der Addition der Schöpfungs- und Willenszahl 1 mit der Durchbruchszahl 10 entsteht bzw. aus der Addition der aufbauenden 3 mit der unendlichen 8 oder der menschlich-freien 5 mit der innerlich-harmonischen 6.

Die 11 ergibt sich aber auch als Summe, wenn wir die festigende, gespannte 4 zu der schicksalhaften 7 addieren oder die polare, ebenfalls gespannte 2 zu der Abschluß verheißenden 9. Das könnte numerologisch sozusagen die problematische Kehrseite der 11 symbolisieren.

Ob die 11 für den betroffenen Menschen eine »Meisterzahl« darstellt oder nicht, hängt von der individuellen Bewußtseinsentwicklung und den jeweiligen Umständen ab.

Die Zahl 12

Zwölf Apostel, zwölf Tierkreiszeichen, zwölf Monate des Jahres, zwölf Stämme Israels – die Zahl 12 taucht in Mythologie und Alltagsleben häufig auf. Unter den zwölf Aposteln war ein »Verräter«, Judas, waren es eigentlich also nur elf »echte« Apostel? Nach Judas' Tod wurde Matthias die Stellung des zwölften Apostels zugewiesen – war das jedoch nur eine Notmaßnahme?

Johannes beschreibt in seiner Offenbarung, daß das »neue Jerusalem« eine Stadt mit zwölf Toren sei, die von zwölf Stämmen bewohnt werde.

Die 12 steht in beinahe jeder Kultur für Vollkommenheit und Vervollkommnung, mehr noch als die 9. Das zwölfte Tierkreiszeichen, Fische, gilt als das Symbol Jesu Christi und des Zeitalters, das er eingeleitet hatte, während wir uns nun »rückwärts« im elften Zeichen befinden.

Unsere Zeit messen wir meist noch nach dem 12-Stunden-Rhythmus, das englische Pfund besteht aus zwölf Unzen – selbst Maße und Gewichte bestimmen wir teilweise auch heute noch nach einem Zahlensystem, in dem die 12 eine Rolle spielt.

Die Zahl 13

Wenn man den Meister Jesus mitzählt, saßen ursprünglich dreizehn Menschen beim »letzten Abendmahl« beisammen. Das erinnert uns daran, daß die 13 zumindest seither ein Unglücksomen ist – Jesus soll bereits damals gesagt haben, daß ein »Verräter« unter den zwölf Aposteln war.

Maimonides, der »zweite Moses«, ein jüdischer Philosoph des 12. Jahrhunderts, formulierte dreizehn Glaubenssätze:

1. Anerkennung der Existenz Gottes.
2. Einzigartigkeit Gottes, die nichts anderem gleicht (worin der mosaische Glauben mit dem Islam auch übereinstimmt).
3. Gott hat kein materielles Wesen, und deshalb müssen alle Bibelverweise auf Gott (z. B. auf die »Hände« Gottes etc.) als rein symbolisch und metaphorisch verstanden werden.
4. Gott ist ewig.
5. Nur Gott ist es wert und verdient, angebetet zu werden.

6. Die Worte der Propheten sind Botschaften Gottes.

7. Moses war der bedeutendste aller Propheten, und nur er erhielt Gottes Wort bei vollem Bewußtsein (dies sagen andere Religionen von ihren »Propheten« bekanntlich auch).

8. Moses erhielt die gesamte Thora direkt von Gott.

9. Der Thora darf nichts hinzugefügt noch darf etwas weggelassen werden.

10. Gott nimmt alles menschliche Verhalten wahr.

11. Nach dem Tode richtet Gott; er belohnt die Guten und bestraft die Bösen.

12. Gott wird den Messias, den Gesalbten und Erlöser senden.

13. Wenn der Messias kommt, werden die Toten in körperlicher Form auferstehen.

Diese Aufstellung stammt aus dem Buch »*Spirituality by the Numbers*« von Georg Feuerstein, S. 198f. (siehe Literaturhinweise); die Bemerkungen in den Klammern sind von mir hinzugefügt worden.

Das sind aus der Fülle der symbolischen und magischen Bedeutungen von Zahlen in den Kulturen nur einige wenige Hinweise. Einen reichen Schatz an vertiefenden Beispielen finden Sie im Buch Das »*Mysterium der Zahl*« (siehe Literaturhinweise). Kommen wir nun zur praktischen Anwendung der verborgenen Kräfte von Zahlen im Alltag, so wie es die Numerologie, die Zahlenkunde, lehrt.

3 Geburtstags-, Namens-, Wohnort-, Berufs-, Firmen-, Partner-, Tages-, Monats- und Jahreszahlen

Wofür sie stehen und wie Sie Ihre persönlichen Zahlen berechnen

Zahlen und ihre symbolische Bedeutung spielen in allen Lebensbereichen eine Rolle. Mit der Numerologie können wir Kräfte und Energien in Menschen, Situationen, Dingen, Orten, Firmen und so weiter greifbar werden lassen. Wir können neue Perspektiven entdecken und einen tieferen Sinn in unserem Leben finden. Wir können mit der Numerologie auch nur aus spielerischer Freude umgehen oder um auszuprobieren, ob wir mit ihrer Hilfe zu aufschlußreichen neuen Einsichten gelangen.

Es gibt selbstverständlich Grenzen der Zahlenweisheit. Die Numerologie sollte nicht zu einer Manie werden, wir sollten uns nicht in ihr verlieren und sie auch nicht überbewerten. Wer keinen Schritt vor die Tür machen will, weil die Tageszahl »nicht stimmt«, oder wer einen Menschen ablehnt, weil dessen Partnerzahl nicht mit der eigenen zu harmonieren scheint, befindet sich meines Erachtens auf einem Holzweg.

Von der Berechnung einer »Seelenzahl« halte ich übrigens nichts, deshalb finden Sie diesen Begriff in diesem Buch auch nicht. Die Seele – im spirituellen Sinne verstanden als Funke des göttlichen Bewußtseins und ewiger Kern des Menschen – entzieht sich jeder »Berechnung«. Ihre Heilung, Erlösung und Erleuchtung ist eine Frage der Innenschau, der Meditation, der Rückverbindung des individuellen Bewußt-Seins mit der ewigen Schöpferquelle. Im Buch über Meditation in dieser Reihe ESOTERIK & LEBEN finden Sie dazu mehr, ebenso wie im Buch *»Heilende Meditation«* von Rajinder Singh (Urania Verlag, CH-Neuhausen).

Wir können mit Zahlen anfangs auch ruhig spielerisch umgehen und zum Beispiel fragen, ob sich der technologische Sprung in die Neuzeit auch in den Namen der vermeintlichen Errungenschaften numerologisch niederschlägt. Einige Gegenüberstellungen und Einzelbeispiele (die Technik der Umwandlung von Buchstaben in Zahlen usw. finden Sie ausführlicher weiter unten ab Seite 32):

Schreibmaschine
$1+3+8+9+5+9+2+4+1+1+3+8+9+5+5 = 73 = 7+3 = 10$
oder 1

Computer
$3+6+4+7+3+2+5+9 = 39 = 3+9 = 12 = 1+2 = 3$

Kutsche
$2+3+2+1+3+8+5 = 24 = 2+4 = 6$

Auto
$1+3+2+6 = 12 = 1+2 = 3$

Atomkraft
$1+2+6+4+2+9+1+6+2 = 33 = 3 \times 11$

Strom
$1+2+9+6+4 = 22 = 2 \times 11$

Die Schreibmaschine mit ihrer Zahl 10 bzw. 1 stellte zweifelsohne einen entscheidenden Durchbruch oder Neubeginn dar. Der Computer mit der Zahl 3 verheißt demgegenüber eine komplexe, reiche schöpferische Gestaltungsvielfalt.

Die Kutsche mit ihrer Zahl 6, die für in sich ruhende Harmonie und Beschaulichkeit steht, wird abgelöst vom Auto, dessen Zahl 3 ebenfalls mehr Dynamik und Entwicklungsmöglichkeiten signalisiert.

Der Begriff Atomkraft schließlich führt zu einer sogenannten Meisterzahl, zur 33, in der die 11 dreimal enthalten ist (und die man üblicherweise nicht weiter »reduziert«). Die Zwiespältigkeit, die Meisterzahlen anzeigen, wird an diesem Beispiel gut deutlich: Ob die hohe Energie, die »Meisterzahlen« signalisieren, positiv oder negativ wirkt, steht dahin und muß immer wieder neu geprüft werden. Das ist beim Wort Atomkraft und der Technologie, für die es steht, überdeutlich.

Auch der Begriff Strom führt zu einer Meisterzahl, wenn auch zu einer »niedrigeren«. Sowohl als großer Fluß wie als elektrischer Strom kann »Strom« Segen oder Fluch sein – denken Sie an die notwendigen oder aber verheerenden Überschwemmungen ganzer Landstriche durch große Ströme, denken Sie an den Nutzen und an den Fluch der Elektrifizierung.

Nach diesem eher spielerischen Einstieg nun zur Numerologie in der Anwendung im persönlichen Leben. Wir konzentrieren uns auf einige wesentliche Lebenszahlen.

Die **Geburtstagszahl** ergibt sich aus der Quersumme aller Zahlen des Geburtsdatums. Ihre **Geburtstagszahl** steht für die Grundkraft, die Ihr Leben bestimmt.

Die jährlich **fortlaufende Geburtstagszahl** ergibt sich aus Ihrem Geburtstag, dem Geburtsmonat und dem jeweils laufenden Jahr. Diese **fortlaufende Geburtstagszahl** zeigt an, mit welcher Energie Sie es im jeweiligen Jahr zu tun haben.

Die **Namenszahl** ergibt sich aus der Quersumme der Zahlen, die den Buchstaben eines Namens entsprechen. Ihre **Namenszahl** verrät etwas über die Art und Weise, wie Sie sich geben. Wir können im weiteren Detail zwischen der Energie des noch persönlicheren Vornamens und der Schwingung des eher allgemeineren Nachnamens unterscheiden.

Die **Wohnortzahl** ergibt sich aus der Quersumme der Zahlen, welche den Buchstaben des Ortes entsprechen, an dem Sie wohnen. Ihre **Wohnortzahl** sagt etwas über die Schwingung aus, in der Sie an Ihrem Wohnort leben.

Die **Berufszahl** ergibt sich aus der Quersumme der Zahlen, die den Buchstaben Ihrer Berufsbezeichnung entsprechen. Diese **Berufszahl** zeigt an, mit welcher Energie Ihr Beruf zu tun hat.

Die **Partnerzahl** ergibt sich aus der kombinierten Quersumme von Geburtsdatum und Vorname von Partner/Partnerin. Dessen/deren **Partnerzahl** wird mit Ihrer eigenen **Partnerzahl** verglichen, um Übereinstimmung oder Spannungen, Chancen oder Herausforderungen zu bestimmen.

Die **Tageszahl** ergibt sich aus der Quersumme des Tages und steht für die nur kurz wirksame Tagesqualität.

Die **Monatszahl** ist die Quersumme des jeweiligen Monats. Sie symbolisiert die vorherrschende Schwingung im betreffenden Monatszeitraum.

Die **Jahreszahl** ergibt sich aus der Quersumme des Kalenderjahres. Sie bezeichnet – neben der individuell gültigen »fortlaufenden Geburtstagszahl« – die Kraft, die im betreffenden Jahr für alle Menschen eine Rolle spielt.

Die Berechnung Ihrer Geburtstagszahl

Nehmen wir an, Ihr Geburtstag ist der 13. April 1967. Sie schreiben den Monat auch als Zahl aus, das liest sich so:

13. 04. 1967

Alle Zahlen dieses Datums addieren wir, um zur sogenannten Quersumme zu gelangen:

$$1+3+0+4+1+9+6+7 = 31 = 3+1 = 4$$

Sie können auch zunächst einmal die Quersumme von Tag und Monat berechnen und getrennt davon die Quersumme des Jahres.

Das liest sich dann so:

$$1+3+0+4 = 8$$

$$1+9+6+7 = 23 = 2+3 = 5$$

Die Quersumme des gesamten Geburtsdatums zeigt den **Kern der Persönlichkeit und seine Lebensaufgabe.** Im Vergleich zur Astrologie entspricht sie dem Sonnenstand.

Die Quersumme von Tag und Monat der Geburt bezeichnet die **persönliche Ausprägung** bzw. Art und Weise, wie der Mensch mit den allgemeinen Jahrgangsbedingungen umgeht, die für alle Menschen seines Geburtsjahres gelten.

Die Quersumme nur des Geburtsjahres steht für jene **allgemeinen Einflüsse,** die für einen ganzen Jahrgang gültig sind.

Manche Numerologen meinen, daß die Quersumme von Geburtstag und Geburtsmonat am wichtigsten sei, andere finden, daß die Gesamtzahl am aussagekräftigsten ist. Ich glaube, daß die Gesamtzahl wesentlicher ist, aber Sie sollten damit selbst »experimentieren«. Im Partnervergleich zum Beispiel ist oft eine Gegenüberstellung der Quersummen von Tag und Monat des Geburtstags aufschlußreicher.

Die Umwandlung von Buchstaben in Zahlen

Da wir in einem Kulturraum leben, in dem die lateinische Schrift mit den lateinischen Buchstaben seit nunmehr bald 2000 Jahren vorherrschend ist, beruht die für uns sinnvolle Numerologie auch auf der Umwandlung der Buchstaben des lateinischen Alphabets in Zahlen. Die kabbalistische Numerologie, die sich auf das hebräische Alphabet bezieht, kommt für uns meiner Meinung nach nicht in Betracht und wird deshalb in diesem Buch auch nicht behandelt.

Die Umwandlung von Buchstaben in Zahlenwerte können Sie der Tabelle entnehmen:

1	A	J	S
2	B	K	T
3	C	L	U
4	D	M	V
5	E	N	W
6	F	O	X
7	G	P	Y
8	H	Q	Z
9	I	R	

Besonderheiten

- Groß- und Kleinbuchstaben werden gleich behandelt.
- Ä, Ö und Ü werden wie Ae, oe und ue gewertet.
- ß wird in ss umgewandelt.
- Das Adelsprädikat »von« gilt (zumindest in Deutschland und in der Schweiz) als Namensbestandteil.
- Titel, wie zum Beispiel Dr., Dr. jur., Prof., Dipl. Ing. und so

fort werden dann, wenn sie juristisch zum Namen gehören und beispielsweise im Paß eingetragen sind, ebenfalls mitgewertet, wenn Sie Ihre Gesamt-Namenszahl ausrechnen. Bei der Partnerzahl verwenden wir nur den Vornamen!

Es wird trotz aller Regeln immer wieder dazu kommen, daß Unklarheiten entstehen oder bestehen bleiben, daß sogenannte Grauzonen existieren. Ich empfehle in diesem Fall, sich nach gesundem Menschenverstand und Intuition zu entscheiden.

Die Quersumme des **gesamten Namens** – (einschließlich aller Vornamen, wie sie im Paß oder Personalausweis stehen, sowie etwaiger Titel) bezeichnet die Art, wie wir uns der Umwelt zeigen, wie wir die Umwelt aufnehmen und auf sie wirken, also unsere **Umweltbeziehungen** und unser »**Rollenspiel**«. Im Vergleich zur Astrologie entspricht die Gesamt-Namenszahl dem Aszendenten.
Man kann diese Zahl des Gesamtnamens auch »**Ausdruckszahl**« nennen. Sie läßt Rückschlüsse zu auf natürliche Talente und Fähigkeiten, in der Welt zu leben und mit ihr umzugehen, unabhängig von der Ausbildung.

Die Quersumme des **Vornamens,** den man selbst gemeinhin führt bzw. gebraucht, steht für die individuelle, ganz **persönliche Ausrichtung** und wie man sich selbst erlebt.

Die Quersumme des **Nachnamens** weist auf das **Familienerbe** und die Tradition hin.

Die Quersumme von **Namenszusätzen** zeigt an, was der Mensch in seinem Leben zusätzlich **aus sich macht.**

Die Quersumme aller **Vokale im Namen** gilt vielen Numerologen als **Motivationszahl,** also als symbolischer Ausdruck für die Kräfte, die Sie antreiben.

Die Quersumme aller **Konsonanten im Namen** steht nach Ansicht vieler Numerologen für den **ersten Eindruck,** den Sie als Person auf andere Menschen machen.

Eine vereinfachte, weniger detaillierte Deutungsweise kommt mit folgenden drei Zahlen aus, die sich aus den Quersummen von Geburtstagsdatum und Namen ergeben:

Das gesamte Geburtsdatum zeigt die persönliche Aufgabe des Lebens auf den Ebenen von Körper, Gemüt und Verstand an.

Der gesamte Name (bzw. dessen Quersumme nach der Umwandlung von Buchstaben in Zahlen) zeigt das äußere Schicksal.

Die Gesamt-Quersumme von Geburtsdatum und Namen steht symbolisch für den höheren, geistigen Lebensplan des Menschen.

Schauen wir uns jetzt einmal die unterschiedliche numerologische Wertung einiger Namen an, je nach Sprache bzw. Schreibweise.

Im Deutschen ist der folgende Name sehr beliebt:
Maria
$4+1+9+9+1 = 24 = 2+4 = 6$:
also *Harmoniestreben* und in sich ruhende *Beschaulichkeit* und *Liebe*. Vielleicht kennen Sie eine Maria, der Sie diese Schwingung erst noch wünschen; als Anlage ist sie in ihrem Namen jedoch bereits enthalten.

Im Englischen wird Maria anders geschrieben, und zwar
Mary
$4+1+9+7 = 21 = 2+1 = 3$:
Bei dieser Schreibweise stehen also schöpferische *Entwicklung* und *Aufbau* neuer Dimensionen im Vordergrund. Denken Sie an die unglückliche schottische Queen Mary Stuart, deren Streben nach dem Aufbau einer neuen Dynastie von einer Elisabeth durchkreuzt wurde, deren Name eine 9 ergibt, 3 mal die 3.

Im Französischen heißt es wieder geringfügig anders, nämlich
Marie
$4+1+9+9+5 = 28 = 2+8 = 10$
oder 1: hier dominieren die Kraft der *Selbstbestätigung* und der *Wille* zum Erfolg.

Aus dem jüdisch-islamischen Sprachraum kennen wir eine weitere Schreibweise für denselben Namen, und zwar
Miriam
$4+9+9+9+1+4 = 36 = 3+6 = 9$:
Die *Beendigung* eines Lebenszyklus scheint in dieser Zahl auf, das Streben nach *Vervollkommnung*.

Interessant, daß bei diesen Schreibweisen ein und desselben Namens dreimal die 3 enthalten ist, in 3, 6 und 9 – man insofern sogar von einer namenseigenen Kraft sprechen könnte, die sich in unterschiedlichen »Oktaven« ausdrückt. In einem Fall, bei der französischen Schreibweise, ergibt sich die Grundzahl 1 als Quersumme, die mit den 3er Schritten in Harmonie und nicht in Konflikt steht.

Schauen wir uns einen zweiten, sehr beliebten weiblichen Vornamen an.

Eva
$5 + 4 + 1 = 10$ oder **1**: Aufbruch, Durchbruch, Wille, Neubeginn.

Eve (die englische Namensform)
$5 + 4 + 5 = 14 = 1 + 4 = 5$: Möglichkeit, sich frei zu entscheiden.

Ewa (das ist die polnische Form desselben Namens)
$5 + 5 + 1 = 11$ (nicht weiter reduziert, oder $1 + 1 = 2$)

Was bedeutet es, ob sich ein Mensch **Christoph** oder **Christof** oder französisch **Christophe** schreibt? Macht das einen Unterschied?

Christoph
$3 + 8 + 9 + 9 + 1 + 2 + 6 + 7 + 8 = 53 = 5 + 3 = 8$

Christof
$3 + 8 + 9 + 9 + 1 + 2 + 6 + 6 = 44 = 4 \times 11$ (oder, falls man diese »Meisterzahl« weiter auf eine einstellige Quersumme reduzieren will, gelangt man zu $4 + 4 = 8$)

Christophe
$3 + 8 + 9 + 9 + 1 + 2 + 6 + 7 + 8 + 5 = 58 = 5 + 8 = 13 = 1 + 3 = 4$

Die Zahl 4 steckt auf geheimnisvolle Weise in allen drei
Schreibweisen. Der Name Christof mit »f« enthält jedoch auch
die »Meisterzahl« 11, nämlich 4mal, und dürfte deshalb mehr
»Energie« in sich tragen.

Hier einige Beispiele für die Quersummen von Namenszusätzen (man wertet die üblichen Abkürzungen so, wie sie zum
Beispiel auf einer Visitenkarte erscheinen – es sei denn, daß
der Träger/die Trägerin den Titel ausschreibt; die Punkte
nach Abkürzungen werden nicht berücksichtigt):

Dr. $4+9 = 13 = 1+3 = 4$
Dipl. Ing. $4+9+7+3+9+5+7 = 44$ (oder $4+4 = 8$)
Dipl. Kfm. $4+9+7+3+2+6+4 = 35 = 3+5 = 8$
e.h. (ehrenhalber) $5+8 = 13 = 1+3 = 4$
Prof. $7+9+6+6 = 28 = 2+8 = 10$
Mag. $4+1+7 = 12 = 1+2 = 3$
M. A. $4+1 = 5$
a. D. (außer Diensten) $1+4 = 5$
i. R. (im Ruhestand) $9+9 = 18 = 1+8 = 9$

Die Zahl 4 (Aufbau, Struktur, Erfolg in der Welt) steckt in den
ersten Vieren dieser Namenszusätze, die eine erreichte Lei-
stung bzw. Anerkennung in einem Titel ausdrücken. Der Zu-
satz Professor signalisiert eine höhere Energie, die Zahl 10,
die Durchbruch symbolisiert.

4   Was die Zahlen bedeuten

Hier lesen Sie in einer Übersicht, wofür die Zahlen stehen. Eine solche Aufstellung kann nie vollständig sein. Sie wird Ihnen jedoch helfen, ein Gespür für das Spektrum an Deutungsmöglichkeiten von Zahlen zu entwickeln.

1   Eins steht für Einheit
Sie enthält alle Kräfte und ist die Ursache allen Seins.
Neubeginn, Aufbruch, Primärenergie, Individuation, Unabhängigkeit, (Führungs-)Wille, Erfolg, Originalität, Yang, das männliche Prinzip, der Pionier – originell, unabhängig, dominant. Die Zahl des Urgrundes.
Weitere Stichworte: kraftvoll, erfinderisch, mutig, visionär, ehrgeizig,
Negativ: egoistisch, autoritär, ungeduldig, eigensinnig, ängstlich.

2   Die Zwei steht für die Dualität
Sie enthält das Endliche und das Unendliche als Prinzip aller Schöpfung.
Begegnung, Beziehung, Zusammenarbeit, Konfrontation, Yin, das weibliche Prinzip, das Paar oder Duett – anpassungsfähig, vorsichtig, verständnisvoll. Polarität oder Entzweiung.
Weitere Stichworte: sensibel, sanft, rücksichtsvoll, überzeugend, charmant.
Negativ: scheu, kritisch, launisch, irreführend, kleinlich.

3 »Eins und eins ist drei!«

Die Drei symbolisiert das neue Dritte, das aus der Begegnung von Zweien entsteht.

(Selbst-)Ausdruck, Lebensfreude, schöpferischer Aufbau, Manifestation, konstruktive Kreativität – expansiv, kommunikativ, kreativ. Umfassende Synthese.

Weitere Stichworte: gewissenhaft, beliebt, umgänglich, fröhlich, aktiv.

Negativ: stolz, verschwenderisch, oberflächlich, angeberisch, intrigant.

4 Die Vier steht für die irdische Form

Irdische Formen geben Schutz und sind doch sterblich.

Formgebung, Sicherung, Kraft, Begrenzung, Ordnung, Dienst, Stabilität, System, Gesetz – Form, Arbeit, Disziplin. Die materielle Ordnungszahl.

Weitere Stichworte: praktisch, solide, organisiert, pünktlich, nützlich.

Negativ: langsam, langweilig, engstirnig, gleichgültig, nachtragend.

5 Die Fünf symbolisiert den Äther, das fünfte Element

Die Fünf steht für den Willen des Menschen, der frei und fehlbar dabei ist, Sinn und Gott zu suchen oder nicht.

Konstruktive Freiheit, freie Willensentscheidung, Vermittlung, Orientierung, Veränderung, Abenteuer – Vielseitigkeit, schöpferische Aktivität, Fortentwicklung. Die Zahl des Lebendigen.

Weitere Stichworte: problemlösungsorientiert, wißbegirig reiselustig, anpassungsfähig, freiheitsliebend.

Negativ: nervös, oberflächlich, »clever«, unruhig, verschwenderisch.

6 Die Sechs steht für natürliche Harmonie

Die Sechs weist den Weg zu iridschem Glück.

Harmonie, Liebe, Lebensfreude, Sensibilität, Gleichgewicht, Ästhetik, Kunstsinn, Erotik, Gerechtigkeit, freudiger Eifer, Verantwortung – offen, sozial, fröhlich. Die vollkommene Weltzahl.

Weitere Stichworte: charismatisch, künstlerisch, liebevoll, verantwortungsbewußt, mitfühlend.

Negativ: stur, zweiflerisch, dogmatisch, sorglos, rücksichtslos.

7 Wenn ein 360°-Kreis durch 7 geteilt wird, entsteht ein »Bruch«, ein »ungerades« Ergebnis

Die Sieben zeigt an, daß das Leben in letzter Konsequenz nicht »errechnet« und »verstanden« werden kann.

Umbruch, »Zwang« zur Veränderung, Analyse, Verständnis, Heilung, Schicksal, Mystik – suchend, introvertiert, philosophisch. Die Säulen der Weisheit.

Weitere Stichworte: analytisch, intuitiv, unabhängig, wahrheitssuchend, still.

Negativ: überkritisch, irritierbar, (selbst-)zweiflerisch, entrückt, zynisch.

8 Die Acht ist Symbol der Ewigkeit, des ewigen Stroms von Schöpfung und Leben, von Geburt und Vergehen

Überfluß, lebendiger Energiestrom, Fülle, materielle Befriedigung, Erfüllung – urteilsfähig, ausgeglichen, lebendig. Die glückhafte Acht.

Weitere Stichworte: entschlossen, vertrauensvoll, beständig, loyal, energisch.

Negativ: geizig, rachsüchtig, mißverstanden, morbide, zerstörerisch.

9   In der Neun ist die Drei dreimal enthalten

Die Neun versinnbildlicht die Erhebung über die drei Ebenen von Körper, Gefühl und Verstand auf die reine Seelenebene.

Abschluß, Vollendung, Selbstlosigkeit, Mitgefühl, Ablösung, Meditation, Medialität, Intuition – Geduld, Toleranz, Liebe. Die potenzierte heilige Drei.

Weitere Stichworte: menschlich, mutig, selbstbewußt, dynamisch, begeisterungsfähig.

Negativ: träumerisch, impulsiv, ziellos, engstirnig, aggressiv.

10   Die Zehn bedeutet Reinigung und Erlösung

Denn der Sieben des Schicksals wird die Drei(einigkeit) der Schöpfung hinzugefügt.

Durchbruch, Entwicklung auf einer höheren Ebene, Erfolg, Selbstbestimmung – Reife der Persönlichkeit oder der Pläne. Das abgerundete Ganze.

Weitere Stichworte: erfolgsbewußt, zielgerichtet, im Bewußtsein einer höheren Kraft lebend und handelnd.

Negativ: unsozial, egozentrisch, verständnislos.

11   Begegnung mit dem Meister, Idealismus, Erleuchtung

Die stumme Zahl.

Weitere Stichworte: inspiriert, veränderungsbereit und -fähig, visionär.

Negativ: überheblich, Selbstverblendung, falsche Motivationen (Macht, Magie etc.)

12   Ablösung von altem Karma, Erfüllung der Lebensaufgabe

Der geschlossene Kreis.

Weitere Stichworte: bewußte Mitarbeit am schöpferischen Plan, hilfsbereit, kreativ.

Negativ: Selbstzufriedenheit, Selbstgerechtigkeit.

13   Ist die Dreizehn eine Glücks- oder eine Unglückszahl?

Das kommt wohl am Ende nur auf Sie selbst an!

Weitere Schlüsse zur Bedeutung von Zahlen können Sie leicht ziehen, wenn Sie überlegen, welche »kleineren« Zahlen in welchen »größeren« enthalten sind. In der Sechs ist 2mal die 3, in der Zwölf 3mal die 4 oder 2mal die 6 oder die 8 und die 4 etc.

Noch ein kurzes Wort zur »Zahl« 0: Im Tarot steht sie auf der Karte des Narren, der als unbewußter Mensch noch nichts vom Leben weiß, sich als bewußter Mensch aber vom (irdischen) Leben in der Scheinwelt von Körper und Gemüt, äußerlichem Besitzstreben und Machtansprüchen und dergleichen mehr gelöst hat.

In der Numerologie fällt die Ziffer 0 bei der Quersummenbildung »weg«. Manche deuten jedoch eine 20 nicht nur als 2, sondern meinen, daß die 2 der 20 noch eine weitere bzw. höhere, nämlich innere Dimension enthalte. Im Rahmen dieser kleinen Einführung in die wundervolle Welt der Zahlen soll der Hinweis genügen, daß Sie sich um diese Detailinterpretationen erst dann kümmern sollten, wenn Sie mit den Grundlagen wohlvertraut sind.

Die Zahlen von 1 bis 9 in einer weiteren Deutung

Die folgende, zusätzliche Übersicht zu den neun einstelligen Grundzahlen stammt von Johannes Vehlow, einem inzwischen verstorbenen bedeutenden Metaphysiker, Astrologen und Numerologen, aus seinem Buch *Astrologie*, Bd. VIII, S. 148ff. (siehe Literaturhinweise). Er hat die positive und die negative Interpretation unter den Begriffen »höhere Oktave« und »niedere Oktave« aufgeführt. Alle Zahlen ab 10 aufwärts werden in diesem System durch die bekannte Quersummenbildung auf eine einstellige Zahl reduziert, 10 wird also zur 1, 11 zur 2 und so weiter.

1: Das Ich, das Ego

Bewußt lebender Mensch: Autorität, Herrschaft, Würde, Macht, Repräsentation, Mut, Tapferkeit, Freiheitsliebe, Edelmut, Gönnerschaft, Protektion.

Unbewußt lebender Mensch: Stolz, Eitelkeit, Hochmut, Genußsucht, Verschwendung, Tyrannei, Renommiersucht, Trägheit, Mißgunst, Hartnäckigkeit.

2: Das Du, die Umwelt

Bewußt lebender Mensch: Anpassung, Anlehnung, Hingabe, Fruchtbarkeit, Zuneigung, Sympathie, Weichheit, Anmut, Mütterlichkeit, Häuslichkeit, Sensibilität, Phantasie, Veränderlichkeit, Reiseliebe, Menschenliebe, Freundlichkeit.

Unbewußt lebender Mensch: Wankelmut, Haltlosigkeit, Engherzigkeit, Prüderie, Launenhaftigkeit, Unselbständigkeit, Nachlässigkeit, Vergnügungssucht, Sinnlichkeit, Furchtsamkeit, Eitelkeit, Verzagtheit, Schwärmerei, Klatschsucht, Mangel an Selbstvertrauen, Asozialität.

3: Manifestation, Entwicklung, Ordnung

Bewußt lebender Mensch: Edelmut, Gerechtigkeit, Hochherzigkeit, Wohlwollen, Menschenfreundlichkeit, Friedfertigkeit, Weisheit, Großmut, Idealismus, Philosophie, Gewissenhaftigkeit, Pflichttreue, Takt, Geduld, Stetigkeit, Diplomatie,
Überlegung, Ethik, Streben nach Wissen.

Unbewußt lebender Mensch: Ungerechtigkeit, Fanatismus,
Übertreibung, Gefallsucht, Anmaßung, Scheinheiligkeit oder
Atheismus, Selbstsucht, Egoismus, Raffgier, Pessimismus,
Unzufriedenheit, Neid, Irrationalität, Starrköpfigkeit.

4: Ausdehnung, Ausbreitung, Expansion

Bewußt lebender Mensch: Begeisterung, Originalität, Proble-
matik, Unternehmungslust, Fleiß, Spekulation, Verbesserung,
Vermehrung, Strebertum, Weitsicht, Organisation, Ge-
schäftssinn, Fortschritt, Autorität, Vorsorge, Ökonomie,
Geldliebe, Verantwortung, Pflichterfüllung.

Unbewußt lebender Mensch: Besitzgier, Hast, Unruhe, Aus-
beutung, Skrupellosigkeit, Gereiztheit, Disharmonie, Unzufriedenheit, Blasiertheit, Übervorteilung, Mißwirtschaft, Trägheit, Völlerei, Übertreibung, Übellaunigkeit, Unlustgefühle.

5: Intellekt, Geistigkeit, Regsamkeit

Bewußt lebender Mensch: Streben nach Macht, Aufklärung,
Vernunft und Logik, Urteilskraft, Wissensdurst, Selbstvertrau-
en, Begeisterung, Hoffnungsfreudigkeit, Entschlossenheit,
Standhaftigkeit, Umsicht, Tiefgründigkeit, Zielstrebigkeit, Be-
redsamkeit, Mitteilsamkeit, Erfindergabe, Konstruktions- und
Zeichentalent, Technik, Gesetzmäßigkeit.

Unbewußt lebender Mensch: Ruhelosigkeit, Sprunghaftigkeit,
Ehrgeiz, Ungeduld, Eigenwilligkeit, Nachlässigkeit, Gleich-
gültigkeit, Scheinheiligkeit, scharfe Zunge, Raffinesse, Übervorteilung, Egoismus, Unwahrhaftigkeit, Einbildung, Re-
spekt- und Taktlosigkeit, Überheblichkeit, Hochmut.

6: Liebe, Weisheit, Kunst, schöpferischer Wille

Bewußt lebender Mensch: Heiterkeit, Fröhlichkeit, Anmut, Harmonie, Optimismus, Ästhetik, Edelmut, Hochherzigkeit, Großmut, Glaube, Friedfertigkeit, Warmherzigkeit, Offenheit, Gerechtigkeit.

Unbewußt lebender Mensch: Gefallsucht, Verschwendung, Leichtfertigkeit, Vergnügungssucht, Unmäßigkeit, lockere Moral, Sinnlichkeit, Eifersucht, Wollust, Verführung.

7: Fruchtbarkeit, Mystik, Übersinnlichkeit

Bewußt lebender Mensch: Gefälligkeit, Anpassung, Anlehnung, Feinfühligkeit, Medialität, Keuschheit, Ethik, Zärtlichkeit, Rührigkeit, Begeisterung, Reiselust, Philosophie, Talent, Religiosität, Liebe.

Unbewußt lebender Mensch: Zank und Streit, Triebhaftigkeit, Sinnlichkeit, List, Launenhaftigkeit, Eigensinn, Verleumdung, Händelsucht, Begehrlichkeit, Perversion, Inkonsequenz, Prüderie, Lauheit, Furchtsamkeit, Falschheit, Lasterhaftigkeit, Betrug, Täuschung, Verträumtheit.

8: Tiefgründigkeit, Verantwortung, Gedächtniskraft

Bewußt lebender Mensch: Takt, Ausdauer, Gewissenhaftigkeit, Ernst, Strebsamkeit, Vorsicht, Erinnerungsfähigkeit, Wissen, Weitsicht, Streben nach Vollkommenheit, alles bis zum Ende führen, Repräsentation, Reserve.

Unbewußt lebender Mensch: Pessimismus, Selbstquälerei, Melancholie, Lebensüberdruß, Mutlosigkeit, Vereinsamung, Mißtrauen, Nervenschwäche, Arbeitsunlust, Unbeholfenheit, Verschlossenheit, Wortkargheit, Zerstreutheit, Egoismus, Geiz.

9: Aktivität, Gegensätzlichkeit, Abschleifung, Ergän-
zung, Vereinigung

Bewußt lebender Mensch: Drang nach Aufstieg, Entfaltung,
Verwirklichung, Fortschritt, ideenreicher Ausbau, forcierte
Entwicklung, Begeisterung, Zielsetzung, Ansporn, Umsich-
tigkeit, Strebsamkeit, schneller Abschluß begonnener Arbei-
ten, ohne Umschweife, fruchtbare Planungen, Durchsetzung,
Einsatzbereitschaft, Ehrgeiz, Aufopferung, reiche Phantasie,
starke Zuneigung zum anderen Geschlecht, Mütterlichkeit,
Umhegung.

Unbewußt lebender Mensch: Mangel an Beständigkeit und
Ausdauer, Ungeduld, Übereilung, Heftigkeit, Zerstörung,
Wankelmut, Unsicherheit, häufiges Abschweifen vom Ziel,
Zersetzung, Aufwiegelung, Streit, Affekte, Untreue, Leiden-
schaftlichkeit, Unduldsamkeit, Herrschsucht, Überheblich-
keit, Gereiztheit, Unbeherrschtheit.

5 Charakter und Schicksal in der Numerologie

**So können Sie sich und andere besser verstehen.
Mit ausführlichen Zahlenbeispielen**

Anhand eines Beispiels wollen wir nun die Schritte zur praktischen Deutung kennenlernen:

Corinna Herzog ist am 2. Oktober 1958 in Köln geboren. Sie ist jetzt verheiratet mit Jens Adler, nennt sich nun Corinna Herzog-Adler; beide wohnen jetzt in Traunstein. Errechnen wir zunächst einmal alle wichtigen Quersummen.

Geburtsdatum

2. 10. 1958 = $2+1+0+1+9+5+8 = 26 = 2+6$ = Geburtstagszahl 8

Die Zahl 8 weist auf Corinnas **Persönlichkeitskern und** ihre **Lebensaufgabe** hin.

Die Tageszahl ist die 2, die kombinierte Tages- und Monatszahl die 3.

Geburtsort

Koeln

$2+6+5+3+5 = 21 = 2+1$ = Geburtsortszahl 3

Die Zahl 3 zeigt die **Umweltschwingung**, in der sie aufgewachsen ist.

Vorname

Corinna

$3+6+9+9+5+5+1 = 38$ = Vornamenszahl 11 (oder $1+1 = 2$)

Die Zahl 11 bezeichnet Corinnas **persönliche Ausrichtung** im Leben, die sie verfolgt.

Nachname

Herzog

$8+5+9+8+6+7 = 43 = 4+3 =$ Nachnamenszahl 7

Die Zahl 7 steht für Corinnas **Familienerbe** und welche Traditionen für sie maßgeblich waren.

Gesamtnamenszahl Corinna Herzog

$38+43 = 81 = 8+1 = 9$

Die Zahl 9 gilt als Corinnas **Ausdruckszahl**, das heißt als die Summe aus ihrer persönlichen Ausrichtung und ihres Familienerbes.

Vokale im Namen

Corinna Herzog

$6+9+1+5+6 = 27 = 2+7 =$ Vokalzahl 9

Die Zahl 9 weist auf Corinnas innerste **Motivation**, auf ihren Antrieb im Leben hin.

Konsonanten im Namen

Corinna Herzog

$3+9+5+5+8+9+8+7 = 54 = 5+4 =$ Konsonantenzahl 9

Die Zahl 9 symbolisiert, wie Corinna auf Menschen zunächst wirkt, also den **ersten Eindruck**, den sie macht.

Jens

$1+5+5+1 = 12 = 1+2 =$ Vornamenszahl 3

Die Vornamenszahl 3 ihres Partners vergleicht man mit Corinnas eigener Vornamenszahl 11.

Adler

$1+4+3+5+9 =$ Nachnamenszahl 22 (oder $2+2 = 4$)

Die Gesamtnamenszahl von Jens Adler ist also eine 7.

Gesamtnamenszahl Corinna Herzog-Adler
$38 + 43 + 22 = 103 = 1 + 0 + 3 = 4$
Der jetzige Name, den Corinna gewählt hat, steht für ihren
bewußt veränderten, selbstgewählten bzw. »karmisch« sich
ergebenden Ausdruck. (Wenn sie sich für die Namensform
Corinna Adler entschieden hätte, ergäbe sich keine 4, sondern eine 6!)

Jetziger Wohnort
Traunstein
$2 + 9 + 1 + 3 + 5 + 1 + 2 + 5 + 9 + 5 = 42 = 4 + 2 =$ Wohnortszahl 6
Den Wohnort haben beide gemeinsam gewählt; bewußt oder
unbewußt haben sie das »Energiefeld« gewählt, was der Zahl
6 entspricht.

Nun haben wir die numerologisch wichtigsten Zahlen ermit-
telt und können eine Deutung versuchen. Sie soll hier nur
beispielhaft skizziert werden; bitte lesen Sie die detaillierten
Einzelaussagen zu den Zahlen dort noch einmal nach.

Corinna Herzog-Adler, 2. 10. 1958

Persönlichkeit und Lebensaufgabe (Geburtsdatum): 8
Umweltschwingung bei Geburt (Geburtsort): 3
Persönliche Ausrichtung (Vorname): 11
Familienerbe (Nachname): 7
Gesamtausdruck (ganzer Geburtsname): 9
Motivation (vokaler Geburtsname): 9
Erster Eindruck auf andere (Konsonanten Geburtsname): 9
Jetziger Gesamtausdruck (neuer ganzer Name): 4
Jetzige Umweltschwingung (Wohnort heute): 6
Partnervergleich (Corinna – Jens): 11 – 3

Corinnas Persönlichkeit wird von einer aktiven, fließenden Energie bestimmt, die darauf drängt, sich frei zu entfalten. Ihre irdische Lebensaufgabe besteht darin, bewußte Erfüllung zu finden im Austausch mit anderen Menschen. Sie hat manchmal vielleicht eine Neigung zur Bequemlichkeit, wenn es mal »nicht so läuft«, und sollte sich deshalb selbst genug fordern und fördern.

Sie wurde an einem Ort geboren, der ein gutes Energiefeld zum aktiven und kreativen Aufbau bietet, an dem Neues entstehen kann und genügend Hilfen vorhanden sind, um Stabilität und Entwicklung zugleich zu verfolgen.

Ihre persönliche Neigung ist auf höhere Ideale, Mystik und Inspiration aus übersinnlichen Bereichen hin orientiert. Sie sollte sich dabei nicht durch das Charisma eines Menschen oder durch eine Idee dazu verführen lassen, einen subjektiv spürbaren Zauber für die ganze Wirklichkeit zu halten, sondern wach und kritisch bleiben.

Die Familie sieht ihre idealistischen Gefühle eher skeptisch; Corinna wird von einer Tradition bestimmt, die Werte sehr ernst nimmt, aber prüfend und manchmal für sie vielleicht etwas zu verhalten bleibt. Zumindest kann die Familie eine gute Balance bieten – wenn sich Corinna und ihre Familie nicht durch Ego-Standpunkte und Trotz- bzw. Machtverhalten blockieren.

Der bisherige Gesamtausdruck (sowie die Motivations- und die Eindruckszahl – drei mal eine 9!) weist jedoch darauf hin, daß es insgesamt zu einer guten Integration der Persönlichkeitskräfte und der Ideale kommen kann. Corinna ist aktiv, wirkt begeisternd auf andere, ist menschlich einfühlsam und mitfühlend und kann so lernen, ihre Ideale auch im Alltag immer mehr zu verwirklichen.

Der durch ihre Heirat gewählte neue Gesamtausdruck (eine 4) wird davon bestimmt, »Nägel mit Köpfen« zu machen, ein festes Fundament für ihre Selbstverwirklichung zu schaffen und etwas im Leben »zu leisten«. Corinna wird mit den Jahren jedoch aufpassen müssen, daß sie nicht in der neuen Sicherheit ihre höheren Lebensziele aus den Augen verliert.

Der jetzige Wohnort bringt noch eine Verfeinerung und dabei Entspannung der Umweltenergie ihres Geburtsorts. Hier wird sie das Leben leichter genießen können, ohne nur um Aufbau bemüht zu sein, sie kann künstlerischen Interessen besser nachgehen und sich mehr an der Natur erfreuen.

Im Partnervergleich haben wir es mit der 11 (oder 2) von Corinna und der 3 von Jens zu tun, wenn wir die Vornamenszahlen aufeinander beziehen. 11 und 3 sind Zahlen, die numerologisch keinen schnellen Rückschluß auf natürliche Harmonie erlauben. Corinna wird eher Begegnung, Empfindung und Auseinandersetzung suchen, während es Jens mehr auf konstruktive Gemeinsamkeit, gemeinschaftliche Arbeit oder zumindest gemeinsame Hobbys, bei denen etwas »getan« wird, ankommt. Nun wird man auch noch die Schwingung der kombinierten Tages- und Monatszahl der beiden Geburtstage vergleichen müssen, um weitere Aufschlüsse zu erhalten.

Das Jahr 1996 hat für Corinna die persönliche Qualität einer 10 oder 1 (dazu wird ihr Geburtstag im Jahre 1996 verwendet, also: $2.10.1996 = 2+1+0+1+9+9+6 = 28+2+8 = 10$). 1996 wird ihr einen echten Durchbruch bringen, und zwar – je nach Interesse und Bewußtheit – entweder auf dem Gebiet der Selbstfindung und Selbstverwirklichung im spirituellen Sinn oder in der Selbstwertbestätigung im Beruf und/oder in der Partnerschaft, wo sie zuversichtlich und kraftvoll an neue, größere Aufgaben herangeht und Chancen nutzen kann, die sich jetzt bieten.

Das Jahr 1997 bringt für Corinna die Energie der 2; und so fort.

1997 trägt als universales Jahr die Schwingung der 8, also die Möglichkeit, Lebensenergien wieder in Schwung zu bringen. Für Corinna geht es darum, mit Einfühlsamkeit in diesem Lebensfluß offen für neue Begegnungen zu sein und zu spüren, inwieweit sie sich darauf einlassen will und soll oder ob sie sich abgrenzen muß.

Zur Erinnerung: Der Tag ihrer Geburt war eine 2, die Begegnung, die kombinierte Zahl von Tag und Monat, eine 3, also das, was aus der Begegnung zweier Kräfte an Neuem entstehen kann. Dieses Geburtsthema entfaltet sich nun im Umfeld einer 8.

Kommen wir jetzt zu anderen Beispielen der Deutung von Zahlen im Alltag.

Zahlen, Zyklen und persönliche Zeitplanung

Zahlen symbolisieren Kräfte; wir messen Zeit in Ziffern und Zahlen, nach Stunden, Tagen, Wochen, Monaten und Jahren. Jeder Tag, jedes Datum besitzt eine ganz eigene »Zeit-Qualität«. Die Stichworte weiter unten gelten sowohl für einzelne Tage als auch für Wochen- und Monatsdaten sowie für ganze Jahre.

Sehen wir uns ein Beispielsdatum an, den 31. 12. 1999.
- Die Tagesqualität ist eine 4 $(3+1=4)$.
- Die Monatsqualität ist eine 3 $(1+2=3)$.
- Die Jahresqualität ist eine 10 oder 1 $(1+9+9+9=28= 2+1=10$ bzw. $1)$.
- Die Qualität des gesamten Datums ist eine 8 $(4+3+10= 17=1+7=8)$.

- Der 31. (eines jeden Monats) bringt den Wunsch nach Absicherung und festen Strukturen, vielleicht auch unbewußt die Neigung, sich mehr festzulegen oder zu schützen, als einem zur lebendigen Entwicklung letztlich lieb ist.

- Die Monatszahl 3 (die für jeden Dezember und jeden März gilt) weist auf eine schöpferisch aktive Energie hin.
- Die kombinierte Zahl des Tages und des Monats (die wiederum für alle Sylvestertage aller Jahre gilt) ergibt eine 7 (4 + 3). Damit zeigt der letzte Tag eines Jahres symbolisch die unabänderliche Kraft des Schicksals an sowie daß jede Bemühung und eine Änderung der Umstände jetzt fruchtlos bleiben müßte (weil zu spät), gleichzeitig besteht aber die Chance, durch eine Innenkehr neue geistige Einsichten und Transformation zu erfahren.
- Das Jahr 1999 hat die Quersumme 10 bzw. 1. In diesem letzten Jahr des 2. Jahrtausends (nach unserer Zeitrechnung) besteht also die große Gelegenheit eines echten Durchbruchs für die gesamtgesellschaftliche Situation (weil sich das Jahr ja auf die ganze Erde bezieht). Anders als es uns manche übereifrigen Nostradamus-Jünger also weismachen wollen, ist 1999 ein Jahr der neuen Chancen, nicht ein Jahr des (Welt-)Untergangs.
- Das Jahr 2000 fordert vor allem zur Begegnung auf, zur Begegnung zwischen Menschen, Völkern, Kulturen und Religionen. Das führt zwar sicher auch zu unvermeidlichen Auseinandersetzungen, die positive Herausforderung für die gesamte folgende bzw. kommende Zeit ist jedoch mit der Zahl 2 gesetzt: Erkennen und Akzeptieren von Unterschieden, Überwindung von Polaritäten und Gegensätzen, Vereinigung von Dualitäten!
- Die Gesamtzahl des Datums 31. 12. 1999, also unter Hinzunahme der Jahreszahl, führt zur Quersumme 8. Erneut läßt sich hier keine Untergangsstimmung herauslesen oder gar rechtfertigen, sondern vielmehr die Einladung, sich auf das ewige Wechselspiel der Kräfte einzulassen und die fließenden Energien des Lebens sinnvoll zu nutzen.

Beachten Sie bitte, daß grundsätzlich eine »Tages-Qualität« natürlich nicht so bestimmend wirkt wie eine Jahresqualität.

– Wenn Sie **neue Abmachungen** treffen, entscheidende Verträge schließen, eine große Anschaffung tätigen oder sonst ein wichtiges Projekt beginnen wollen – zum Beispiel ein Auto- oder ein Hauskauf, ein Wohnort- oder Firmenwechsel –, ist ein Gesamtdatum (Tag, Monat und Jahr) günstig, das eine 1 oder eine 10 als Quersumme birgt.

– Für **kleinere Vorhaben**, die keine Art von »Einmaligkeitscharakter« tragen, sondern wenn es sich um häufiger wiederkehrende Anlässe handelt – zum Beispiel ein Verwandtenbesuch, eine Kurzreise, eine öfters vorkommende Anschaffung –, eignet sich das kombinierte Tages- und Monatsdatum zur Ermittlung eines günstigen Tages.

Hier Stichworte zu den Zeit-Qualitäten der Zahlen, die sich aus der Quersumme von Daten ergeben.

Zeit-Qualitäten

1 = Aufbruch; eine gute Zeit zum Beginn neuer Projekte.

2 = Begegnung; eine gute Zeit für den Austausch.

3 = Kreativität; eine gute Zeit, um Neues schöpferisch zu gestalten.

4 = Festigung; eine gute Zeit, um Fundamente zu bauen, Vorhaben abzusichern.

5 = Entscheidungsfreiheit; eine gute Zeit, um aus freien Stücken Pläne zu überlegen und Entscheidungen ungezwungen treffen zu können.

6 = Harmonie; eine gute Zeit, um Urlaub zu machen, zu reisen, zu feiern – und zu heiraten!

7 = Mystik; eine gute Zeit, um nach innen zu gehen.

8 = Alles fließt; eine gute Zeit, um sich auf die Energie des Lebens einzulassen und daraus zu leben und zu wirken.

9 = Vollendung; eine gute Zeit, um Dinge zum Abschluß zu bringen.

Zahlen und Wohnorte

Macht es etwas aus, ob Sie in Berlin oder in Bonn leben, im Land Hessen oder in Bayern?

Berlin, das ist eine 33, Bonn eine 9. Die problematische »Meisterzahl« 33, bestehend aus 3 x 11, bringt zwar einerseits die Freisetzung enormer schöpferischer Kräfte, andererseits aber auch die meist nicht bestandene Herausforderung, mit solchen Kräften umzugehen (denken Sie an die Bedeutung Berlins als Hauptstadt zuerst für das preußische, dann das deutsche und schließlich das »großdeutsche« Reich oder an die internationalen Auseinandersetzungen um die viergeteilte Stadt zwischen 1945 und 1989). Bonn ist »einfacher«, weil hier Abschluß und Vollendung stattfinden, die Beendigung einer Epoche. Daß dieser Abschluß für viele Menschen (meist aus finanziellen Gründen – Immobilienwerte etc.) auch schmerzlich ist, darf auch erwähnt werden.

Hessen ergibt eine 7 – das heißt wohl, daß weniger frei gestaltet werden kann und die äußeren »Sachzwänge« (der gesellschaftspolitischen Strukturen, der Wirtschaftsentwicklung und so fort) stärker sind als die Wünsche, kreativ Neues zu entwickeln. Bayern ergibt eine 11, wieder eine zweischneidige »Meisterzahl«. Wenn wir an die wechselvolle Geschichte Bayerns denken (das als eigenes Königreich Gegenspieler des mächtigen Preußen sein sollte, nach dem Krieg die beispiellose Eingliederung der vertriebenen Sudetendeutschen und den ebenso vorbildlichen Auf- und Umbau vom Agrarland zum modernen Industrieland schaffte, aber auch eine politische »Eigenbrötlerei« par excellence – Stichworte sind Franz Josef Strauß und die von ihm geprägte Partei –, so liegen auch hier »Meisterliches« und Größenwahn dicht beieinander.

Für die meisten von uns wird es nicht sehr praktikabel sein, sich nach dem numerologischen Wert ein Bundesland und/oder einen Wohnort auszusuchen. Aber zumindest macht es Ihnen vielleicht Spaß, einmal auszurechnen und nachzulesen, welche Zahlen-Schwingung »Ihr« Wohnort hat. Dazu wandeln Sie alle Buchstaben wieder in Zahlen um – siehe Aufstellung auf Seite 32 – und bilden eine einstellige Quersumme. Bei ausländischen Wohnorten verwenden Sie bitte die dort übliche Schreibweise, also zum Beispiel Roma statt Rom!

1 = Günstig für Menschen, die Neues anfangen möchten, die sich als Pioniere sehen, die aus eigener Kraft etwas leisten wollen.

2 = Hier läßt sich auf interessante Begegnungen hoffen, auf Impulse zur bewußten Auseinandersetzung über Themen, Menschen und Projekte.

3 = Solche Orte machen es leichter, schöpferische Kräfte aktiv und kreativ einzusetzen und etwas zu schaffen, was breiten Anklang findet.

4 = Hier können Sie sich am ehesten darauf verlassen, daß sie in eine Ordnung finden, die Ihnen Sicherheit und Festigkeit verleiht.

5 = Drehscheiben der Kommunikation, der Vielseitigkeit von Informationen und Meinungen, der Bereicherung (oder Zerstreuung) durch wechselnde Strömungen.

6 = Potentiell sind dies Orte »zum Wohlfühlen«, zum Aus-
spannen, zum Genießen. Aber auch Kunst und Kultur
finden hier gute Möglichkeiten der Entfaltung.

7 = Hier wird man nicht umhinkönnen, in die Tiefe zu gehen, die eigenen analytischen Fähigkeiten anzuwenden
und Lebensqualität vor allem im Inneren, bei der Seele
zu suchen.

8 = Einladend wirkt die Leichtigkeit, mit der Energien an
diesen Orten fließen. Dabei sollte man darauf achten,
daß man nicht den Blick für das Wesentliche verliert,
auch wenn man dafür gegen den Strom schwimmen
müßte.

9 = Ein günstiger Ort, um Zyklen oder Vorhaben abzu-
schließen, um etwas zu vollenden oder zu meditieren.

10 = Hier kann am ehesten ein entscheidender Durchbruch
gelingen – zu Anerkennung oder Selbstverwirklichung,
auf der materiellen oder auf der geistigen Ebene.

11 = Zwiespältige Orte, die wie ein Brennglas für die dort
ausgelebten Energien wirken – im Guten wie im
Schlechten.

Auch der Zahlenwert Ihrer Hausnummer kann für Sie von
Bedeutung sein – entweder rein symbolisch, aus Freude an
der Zahlenspielerei oder aufgrund einer subjektiv wirksamen
psychischen Energie, die Zahlen in Ihrem Leben besitzen.

Zahlen und Namen

Zahlen und Firmennamen

Erinnern Sie sich noch an die Umbenennung der großen Ölgesellschaft ESSO in EXXON? Die Umbenennung sollte der Internationalisierung dienen, der sanften Distanzierung vom Nur-Öl-Produkte-Image der Firma (bei gleichzeitiger Orientierung auf neue Produkte und Märkte), und sollte Mitarbeiter, Kunden und Lieferanten sowie die Massenmedien und damit die Öffentlichkeit auf eine neue »Corporate identity« einstellen, auf ein neues Firmenimage. Schauen wir uns an, welche Zahlengesetze hinter den beiden Namen stehen:

ESSO
$5+1+1+6 = 13 = 1+3 = 4$ = Festigung, Begrenzung

EXXON
$5+6+6+6+5 = 28 = 2+8 = 10$ = Aufbruch, Durchbruch

Die erste Quersumme von ESSO ist die »Unglückszahl« 13, die im Tarot für den TOD steht, für jene Transformation, vor der naturgemäß alle Menschen Angst haben (es sei denn, daß sie zum göttlichen Seelenbewußtsein erwacht sind). Auch die einstellige Quersumme 4 ist für eine Firma, die als »Multi« in einer Welt ohne Grenzen Erfolg haben will, eher ein Hemmschuh.

Die 4 ist eher für Handwerkbetriebe gut geeignet als für Erdölkonzerne (die sich ja nicht nur nach neuen Märkten, sondern auch nach neuen Produkten umsehen müssen) oder zum Beispiel für Computerfirmen. Handwerksmeister vom alten Schlage – von denen es leider gar nicht mehr genug gibt –, brauchen die Festigung und die Begrenzung, um zuverlässig in bester Qualität zu arbeiten.

Die 10, also die 1 in höherer Oktave, ist geradezu ein genialer Streich des amerikanischen Ölmultis gewesen, gewissermaßen ein Befreiungsschlag, um aus alten, erstarrten Strukturen herauszukommen und eine moderne Strategie zu verfolgen, die auch das wachsende Umweltbewußtsein, die Verknappung der Rohstoffe und die soziale Entwicklung der Gesellschaften in Rechnung stellt.

ECON
$5+3+6+5 = 19 = 1+9 = 10$

IBM
$9+2+4 = 15 = 1+5 = 6$

Ein weiteres Beispiel. Andreas Nahme ist Schreiner, Geschäftsinhaber, Möbeldesigner, Bewußtseinspionier. Er gründet eine Firma, die er ARTEM nennt.

ARTEM
$1+9+2+5+4 = 21 = 2+1 = 3$

Die Zahl 3 verheißt schöpferischen, konstruktiven, produktiven Umgang mit Kräften. Bei einem schweren Autounfall, den er fast unverletzt überlebt, macht er eine sogenannte Nahtoderfahrung. Danach bricht er seelisch und beruflich zu völlig neuen Ufern auf, er wird Initiator für Baumpflanzungen weltweit, plant eine Friedensallee von Berlin über Warschau nach Moskau, berät Firmen bei Umweltprojekten und geht auf eine spirituelle Reise in die Innenwelten. Er ändert seinen Namen von Andreas Nahme zu Andreas Artem.

ANDREAS
$1+5+4+9+5+1+1 = 26 = 2+6 = 8$

NAHME
$5+1+8+4+5 = 23 = 2+3 = 5$

Der alte Name ergibt eine 13 oder 4. Der neue, 8 von Andreas
und 3 von Artem, ergibt eine 11, die »Meisterzahl«. Sie drückt
viel besser die neu gewonnene geistige Freiheit aus, die Andreas jetzt lebt, als die alte 13 oder 4, die zwar Festigkeit und
Struktur – und materiellen Erfolg! – symbolisierte, aber dabei
auch Enge und Beschränkung.
Nun zu Deutungshilfen für die Zahlenwerte der Vor- und
Nachnamen.

Zahlenwerte für Vornamen

Wandeln Sie Ihren Vornamen in Zahlen um, bilden Sie die
Quersumme. Verwenden Sie für diese Deutung den Vornamen, den Sie selbst benutzen – auch wenn er in der Schreibweise vielleicht vom Paßeintrag abweicht oder wenn Sie nur
einen Vornamen verwenden, obwohl zwei oder mehr im Paß
eingetragen sind.
Wenn Sie zum Beispiel Christina-Maria heißen, sich aber
selbst nur Chris nennen und nennen lassen, verwenden Sie
nur den Namen »Chris«.

1 = Diese Menschen sind stark individualistisch, zielorien-
    tiert, voller Pioniergeist und allzeit bereit, »mit dem Kopf
    durch die Wand« zu gehen. Sie sind oder wollen gern
    »Anführer« sein.

2 = Hier findet man Menschen, die liebevoll, warmherzig
    und friedlich sind und gern auf andere Menschen zuge-
    hen. Mitunter sind sie jedoch auch recht wechselhaft in
    ihren Gefühlen.

3 = Ausdrucksvolle, fröhliche Menschen, die voller Optimismus »nach den Sternen greifen« und »nach oben« wollen, um ihre Kreativität auszuleben und zu beweisen. Sie brauchen eine starke innere Führung.

4 = Das sind meist zuverlässige Menschen, die ihre Aufgaben pflichtbewußt erfüllen und ernsthaft bemüht sind, ein stabiles Lebensfundament zu schaffen. Manchmal sind sie in ihrem Vorgehen recht eigen.

5 = Vielseitige, freiheitsliebende und unbekümmerte Menschen, die rasch denken und ausdrucksstark sind. Diese Personen sind häufig deutlich wacher als ihre Umwelt, brauchen aber eine gute »Erdung«.

6 = Hier finden sich Menschen, die sowohl hilfsbereit sind und zugleich das Leben genießen können. Sie haben musische oder künstlerisch-ästhetische Talente, die das Leben leichter und schöner machen können.

7 = Analytisch denkende Menschen, die eine größere Intimsphäre oder einen ausgeprägten privaten Bereich brauchen, um zu sich selbst zu finden und sich zu entfalten. Bei unbewußten Menschen »Opfermentalität«.

8 = Menschen, die gern »mit dem Strom schwimmen«, um das Beste aus dem Leben zu machen. Das kann auf innerer Einsicht beruhen – oder auf Bequemlichkeit. Sie haben die Gabe, Kräfte zu bewegen und in Fluß zu halten.

9 = Inspiration, Einfühlung in größere Zusammenhänge, humanistische Neigungen und Einsatzbereitschaft sind Merkmale, die eine große Rolle spielen. Oft fühlen sich diese Menschen im Mittelpunkt des Schicksals.

Zahlenwerte für Nachnamen

Wandeln Sie Ihren Nachnamen, so wie er im Paß steht, in Zahlenwerte um, und bilden Sie die Quersumme. Die einstellige Zahl, die sich ergibt, sagt etwas über die Einflüsse aus, die aus der Familie stammen, in die Sie hineingeboren wurden.

1 =   In solchen Familien gibt es viele, die etwas zum ersten Mal machen – der erste Arzt, der erste Ingenieur etc. Willensstärke und Einsatzbereitschaft gelten viel.

2 =   Die Begegnung in der Familie ist wichtig, der ständige Austausch – über Wichtiges oder Unwichtiges. Nach Lloyd Strayhorn sollen Frauen, die in diese Familien geboren werden, hohen Respekt genießen.

3 =   Ehrgeiz und Selbstvertrauen in die eigenen Fähigkeiten sind ausgeprägt; das deutet in unseren Gesellschaftsformen letztlich auf Erfolgsstreben hin.

4 =   Hier muß alles seine Ordnung haben – auch wenn diese Ordnung sehr eigenwillig ist. Von früh soll man sich einfügen und anpassen und erhält dafür »Beschützung«.

5 =   In solchen Familien gibt es meist sehr vielseitige Interessen und Charaktere und damit die Chance, sich ebenfalls sehr vielseitig zu entwickeln.

6 =   Harmonie im Zusammensein steht als ein wichtiges Lebensziel ganz oben an; soziale Belange und der Umgang miteinander in einer Gemeinschaft sind wichtig.

7 = Hier werden unterschiedliche Ansichten oder Interessen meist nicht offen angesprochen und abgestimmt, sondern eher bei sich behalten. Echte Verinnerlichung (seltener) oder Kritikausbrüche (häufiger) sind zwei Folgen davon.

8 = Aktive Menschen, die nach außen gehen und etwas vom Leben »haben« wollen, bestimmen die Atmosphäre in solchen Familien. Manchmal herrschen auch Bequemlichkeit und »Laisser-faire«.

9 = In diesen Familien spielen die Vollendung eines Schicksals, der Abschluß eines Zyklus und ähnliche Momente der Beendigung eine merkliche Rolle.

6 Zahlen und Astrologie, Zahlen und Tarot

Zahlen und Astrologie

Offensichtlich und allgemein anerkannt ist die Verbindung zwischen den zwölf Tierkreiszeichen und den zwölf Häusern mit den Zahlen von 1 bis 12. Schauen wir uns das einmal genauer an. Die Angaben stützen sich auch auf die sehr empfehlenswerten ASTRODATA-HOROSKOPKARTEN, die im Esoterikbuchhandel erhältlich sind (Astrodata Verlag, Zürich 1993). Die Zahlen von 1 bis 12 entsprechen demnach den Bedeutungen, die für die jeweiligen Tierkreiszeichen und Horoskophäuser vermerkt sind.

Bitte beachten Sie, daß die Bedeutungen für die Zahlen teilweise stark abweichen von den bisher genannten – zum Beispiel bei der 6 und der 7. Das erklärt sich daraus, daß in der Astrologie der Kreis von 360° in 12 gleiche Abschnitte geteilt wird und damit die gesamte Bandbreite von Bedeutungen nicht auf 9, sondern eben auf 12 Zahlen aufgeteilt wird.

Ein kleiner Exkurs für Astro-Fans: Im Horoskop liegt das Zeichen Waage und das 7. Haus genau gegenüber dem Geburtspunkt und markiert damit das »Du«, die Begegnung, Liebe und Partnerschaft etc., während sonst die 2 die Begegnung und die 6 die Liebe symbolisiert. Indirekt steckt aber auch im Zeichen Waage und im 7. Haus die 2! Wenn man den 360°-Kreis durch 2 teilt, erhält man 180 oder eben die genaue Teilung des Kreises bzw. das »Gegenüber« des Ausgangspunktes.

– Ihre Tierkreiszeichen-Zahl ergibt sich aus dem Sternzeichen, in das Ihr Geburtstag fällt. Wenn Ihr Geburtstag am 4. Juni ist, ist Ihr Tierkreiszeichen Zwillinge, und Ihre Tierkreiszeichen-Zahl ist dann die 3.

– Ihre Häuserzahl ergibt sich daraus, in welches Tierkreiszeichen Ihr Aszendent fällt. Wenn Ihr Aszendent Schütze ist, dann entspricht der Aszendent dem 9. Haus, und Ihre Häuserzahl ist die 9.

1

Tierkreiszeichen Widder: »Ich mache!« Dynamik, Durchsetzung, Tatkraft, Pioniergeist, Impulsivität, Ungeduld, Draufgängertum, Begeisterungsfähigkeit.
Erstes Haus: Ich, Selbstdarstellung, Erscheinungsbild, Eigenausdruck, Durchsetzung.

2

Tierkreiszeichen Stier: »Ich habe!« Sinnesfreude, Genuß, Realismus, Sicherheitsstreben, materielle Ausrichtung, Kraftreserven, Starrheit, Trägheit, Aufnahme.
Zweites Haus: Besitz und Werte, Talente, innere und äußere Substanz, Selbstwertgefühl, Mittel.

3

Tierkreiszeichen Zwillinge: »Ich kommuniziere!« Austausch, Beweglichkeit, Kontaktfreude, Neugier, Vielseitigkeit, Hunger nach neuen Reizen, Oberflächlichkeit, Anpassungsvermögen.
Drittes Haus: Nähere Umgebung, Nachbarn, Geschwister, kurze Reisen, Denkweise, Austausch.

4

Tierkreiszeichen Krebs: »Ich fühle!« Fürsorglichkeit, Anschmiegsamkeit, Phantasie, Schutzbedürfnis, Unselbständigkeit, Launenhaftigkeit, Einfühlungsvermögen.
Viertes Haus: Heim, Heimat, Eltern, Vergangenheit, Familie, Innenleben.

5

Tierkreiszeichen Löwe: Lebensfreude, Selbstbewußtsein, Risikobereitschaft, Wärme, Kreativität, Eitelkeit, Selbstherrlichkeit, Beschützungsvermögen.
Fünftes Haus: Kinder, Kreativität, Freizeit, Spekulation, Liebhabereien, Erotik.

6

Tierkreiszeichen Jungfrau: »Ich analysiere!« Konzentration auf das Wesentliche, Nutzstreben, Arbeit, Vernunft, Gründlichkeit, Ordnungsliebe, Pedanterie, Kritik, Unterscheidungsvermögen.
Sechstes Haus: Arbeitsplatz, Alltag, Gesundheit, Dienst an anderen, Existenzgrundlagen.

7

Tierkreiszeichen Waage: »Ich gleiche aus!« Charme, Geselligkeit, Diplomatie, Harmoniestreben, Ausgewogenheit, Bequemlichkeit, Konfliktscheu, Verbindungsfähigkeit.
Siebentes Haus: Du, Partnerschaft, persönliche Beziehung, Verträge.

8

Tierkreiszeichen Skorpion: »Ich engagiere mich!« Leidenschaftlichkeit, Transformationsprozesse, Instinkt, (Selbst-)Kritik, Extremismus, Defensive, Widerstandsfähigkeit.
Achtes Haus: Gemeinsamer Besitz und Verbindlichkeiten, Sexualität, Ichkrise, Transformation.

9

Tierkreiszeichen Schütze: »Ich suche!« Idealismus, geistige Ordnung, Freiheitsstreben, Expansion, Arroganz, missionarischer Dogmatismus, Zielstrebigkeit.
Neuntes Haus: Neue Horizonte, Fernreisen, Überzeugungen, große Projekte, Bewußtseinserweiterung.

10

Tierkreiszeichen Steinbock: »Ich leiste!« Pflichtgefühl, Ehrgeiz, Belastbarkeit, Ausdauer, Starrköpfigkeit, Härte, Verantwortungsbewußtsein.
Zehntes Haus: Beruf, Karriere, Autorität, Anerkennung, Position, Prestige, Vorgesetzte.

11

Tierkreiszeichen Wassermann: »Ich finde!« Ideenreichtum, Originalität, Reformbestrebungen, Provokationslust, Realitätsferne, Kühle, Individualismus.
Elftes Haus: Freundeskreis, Gruppen, Reformen, Gemeinschaftssinn, Zukunftsvorstellungen.

12

Tierkreiszeichen Fische: »Ich glaube!« Hilfsbereitschaft, Hingabe, Medialität, Mystik, Beeinflußbarkeit, Illusionen, Suchtgefährdung, Einfühlungsvermögen.
Zwölftes Haus: Innenwelt, Glaube, Phantasie, Meditation, Alleinsein, Verborgenes.

Zahlen und Planeten

Die Zuordnung von Planeten zu Zahlen ist und bleibt umstritten. Ich biete Ihnen hier meine Überzeugung an. Prüfen Sie selbst, was für Sie »stimmt«!

Die Planetenzahlen ergeben sich aus

- dem Planeten, der in Ihrem Horoskop am höchsten steht,
- Ihrer Geburtszahl (Quersumme aus Ihrem Geburtsdatum) oder
- Ihrem Lieblingsgestirn, zu dem Sie sich am meisten hingezogen fühlen.

1: Sonne	Die Sonnen-Einser entfalten sich selbst und drücken ihren Lebenswillen auf ganz natürliche, herzliche und bestimmte Weise aus. Sie müssen lernen, andere Menschen mit ihrer Kraft nicht zu »überrollen«.
2: Mond	Die Mond-Zweier vertrauen ihren Gefühlen, suchen und finden ihren eigenen Rhythmus und müssen lernen, sich mit dem stetigen Wechsel und Wandel des Lebens »anzufreunden«.
3: Merkur	Die Merkur-Dreier sind immer auf der Suche nach neuen Informationen, sie wollen sich ausdrücken und austauschen; ihre Lektion besteht darin, den Sinn hinter dem menschlichen Wissen zu finden.
4: Venus	Die Venus-Vierer möchten Liebe und Leidenschaft, Harmonie und Entspannung zum Fundament ihres Lebens machen; sie müssen lernen, daß Liebe und Kunst fließen, sich immer wandeln und in einer zu festen Form nur erstarren würden.

5: Mars   Die Mars-Fünfer bringen vollen Einsatz, um ihre
               Ziele anzusteuern, mit Wagemut und Begeiste-
               rung. Sie müssen lernen, ihre Ungeduld zu zü-
               geln und ihre Aktionen vor Entscheidungen
               sorgfältig zu prüfen.

6: Jupiter   Die Jupiter-Sechser suchen nach Sinn und wol-
               len ihr Bewußtsein erweitern. Dazu überschrei-
               ten sie äußere und innere Grenzen. Ihre Lektion
               besteht darin, ihre Wahrheiten nicht zu verabso-
               lutieren.

7: Saturn   Die Saturn-Siebener sind bereit, Verantwortung
               zu übernehmen, Prioritäten zu setzen und etwas
               zu leisten; sie müssen lernen, sich selbst und an-
               dere nicht zu sehr einzuschränken.

8: Uranus   Die Uranus-Achter wollen sich verändern, Neues
               unternehmen und vor allem offen und in ständi-
               ger Bewegung sein, um nichts im Leben zu ver-
               säumen; sie müssen lernen, zumindest einen
               geistig-spirituellen Halt zu gewinnen.

9: Neptun   Die Neptun-Neuner ziehen sich gern zurück, las-
               sen die Dinge von selbst geschehen und hängen
               ihren wundervollen Träumen nach oder meditie-
               ren; sie müssen lernen, daß jeder Mensch mit
               seinem freien Willen auch aktiv eigene Entschei-
               dungen über sein Erdenleben treffen muß.

10: Pluto   Die Pluto-Zehner leben eine »äußere Sonnen-
               kraft«; sie spüren enorme Kräfte in sich, die sie
               kreativ gebrauchen können; ihre Lektion ist,
               Machtansprüche zu überprüfen, bereit zu wer-

den, loszulassen und die großen Kräfte für ein
höheres Ideal einzusetzen.

11: Auf-   Die Mondknoten-Elfer sind bereit, neue Aufga-
steigender   ben anzunehmen und ihr Leben einem Sinn un-
Mond-   terzuordnen. Diese »Meisterzahl« signalisiert,
knoten   daß es meisterlicher Führung bedarf, um die Le-
(»Drachen-   bensaufgabe zu finden, daß man also nach der
kopf«)   Polarität auf eine Meisterseele hin suchen soll.

12: Abstei-   Die Mondknoten-Zwölfer haben damit zu tun,
gender   alte Probleme und angehäuftes Karma aufzulö-
Mond-   sen. Das kann nur dann gelingen, wenn sie aus
knoten   der Polarität von Ich und Du, von Geist und Ma-
(»Drachen-   terie, von Mensch und Tod, von Erde und Kos-
schwanz«)   mos herausfinden zur schöpferischen Lösung –
                das geschieht wie beim »Drachenkopf« mit der
                Hilfe einer erwachten Seele, die uns über die
                Ebene der Dualität hinausführt.

Empfehlenswerte Astrologiebücher sind *Was der Mond für
Sie bedeutet* (ECON Verlag, Düsseldorf 1996) und *Karma und
freier Wille im Horoskop* (Hier & Jetzt Verlag, Bad Oldesloe
1995).

Zahlen und Tarot

Diese Übersicht soll Ihnen eine erste kleine Hilfestellung zu eigenen Assoziationen, Analogien und Gedankenverbindungen geben, wie die Archeytpen oder Urbilder des Tarot sich auf die Zahlen von 0 bis 22 beziehen. Damit haben Sie also eine weitere Deutungsmöglichkeit für diese Zahlen.

Ihre persönlichen Tarotzahlen finden Sie zum Beispiel
- indem Sie aus dem großen Arkana eine Karte ziehen oder
- über die Quersumme Ihrer Namenszahl.

0 = Der Narr, die Narren
Positiv: Freiheit, Ungebundenheit, Weisheit, Erleuchtung
Negativ: Verantwortungslosigkeit, Torheit, Bindungsunfähigkeit

1 = Der Magier
Positiv: Kreativer Umgang mit Kräften, Aufbruch zur Bewußtwerdung, schöpferisches Leben
Negativ: Selbstsüchtige Motive, Scharlatanerie, magische Manipulationen, Mißbrauch von Kräften

2 = Die Hohepriesterin, die Päpstin
Positiv: Verinnerlichung und Öffnung für die Seelenkräfte der Anima: »Das ewig Weibliche zieht uns hinan!«
Negativ: Verschleierung und Mystifizierung der eigenen Natur

3 = Die Kaiserin, die Herrscherin, die Urmutter
Positiv: Mütterlichkeit, reife Weiblichkeit, Mitgefühl
Negativ: Übertriebene Fürsorglichkeit, als Liebe verkleidete Dominanz

4 = Der Kaiser, der Herrscher, der Urvater

Positiv: Ordnung, Schutz, Gerechtigkeit, Sicherheit, reife Männlichkeit

Negativ: Machtanspruch, Herrschsucht, Despotismus, Erstarrung

5 = Der Papst, der Hohepriester, der Meister

Positiv: Ethik, Moral. Religiosität, Spiritualität

Negativ: Fanatismus, Dogmatismus, sinnentleerte Rituale

6 = Die Liebenden, die Entscheidung

Positiv: Erotische Anziehungskraft und Sinnlichkeit, Liebe, Entscheidung für eine echte Partnerschaft

Negativ: Reine Sexualität ohne Liebe, Genußsucht, Oberflächlichkeit, Renommiergehabe

7 = Der (Sieges-)Wagen, das Gefährt

Positiv: Konsequenzen des persönlichen Einsatzes und der eigenen Entscheidungen, Gemeinschaftsbindung

Negativ: Konfrontation mit Karma, Überheblichkeit, spirituelle Blindheit

8 = Der Ausgleich, die Gerechtigkeit

Positiv: Bilanz ziehen, zur eigenen Mitte finden

Negativ: Unentschlossenheit

9 = Der Eremit, die Suchenden

Positiv: Zeit der Ruhe und Innenschau, Suche nach Sinn

Negativ: Abkapselung, Weltflucht

10 = Das Schicksalsrad, das Glücksrad

Positiv: Neuer Zyklus, das stetige Werden, Bestehen, Vergehen und Neuwerden, das Gesetz des Karmas

Negativ: Blinde Jagd nach kurzfristigem oder oberflächlichem Glück

11 = Die Stärke, die Lust, der Höhepunkt

Positiv: Kreativität, die sanfte und unwiderstehliche Kraft der Anima, Ausrichtung auf höchste Ideale

Negativ: Beschränkung auf körperliche Lust, Suchtmuster

12 = Der Gehängte, Kopfüber

Positiv: Völlig neue Lebensperspektiven, Auseinandersetzung mit anderen Blickpunkten

Negativ: Mangel an festem Boden unter den Füßen, unfreiwilliges Opfer von Umständen

13 = Der Tod, die Verwandlung

Positiv: Auflösung alter, überholter oder erstarrter Formen, Chance für Neubeginn, Abschied

Negativ: Angst vor Wandel, Widerstand gegen Veränderung und Abkehr von nicht mehr lebensfähigen Strukturen

14 = Mäßigkeit, das Maß

Positiv: Ausgleich geistiger und körperlicher, spiritueller und materieller Energien, Harmoniestreben, Kunst

Negativ: Selbstgefälligkeit, Oberflächlichkeit

15 = Der Teufel, die Verstrickung

Positiv: Einsicht in die Notwendigkeit von Gnade, Segen und Erlösung der Seele vom Ego durch eine höhere Macht

Negativ: Suchtverhalten, psychische Abhängigkeit, alte karmische Muster und »Fallstricke«

16 = Der Turm, das Haus Gottes, der Blitz

Positiv: Scheinbar von außen kommende plötzliche Veränderung der Lebensumstände, Befreiung

Negativ: Unwillen, Gefängnisse zu verlassen oder Masken abzunehmen

17 = Der Stern, die Hoffnung

Positiv: Harmonie durch Empfänglichkeit für höhere geistige Kräfte

Negativ: Selbstzufriedenheit

18 = Der Mond, die Sehnsucht

Positiv: Intuition, Medialität, Wunsch nach spiritueller Verbindung und Empfänglichkeit, Entfaltung der Seele

Negativ: Schwärmerische Illusionen

19 = Die Sonne, die Erfüllung

Positiv: Irdisches Glück, Selbstverwirklichung, Stärkung der Persönlichkeit

Negativ: Krasser Materialismus

20 = Das Jüngste Gericht, der Ruf

Positiv: Überprüfung des Lebens, geistige Wiedergeburt, spirituelle Neuorientierung

Negativ: Leugnung der eigenen Verantwortung

21 = Die Welt, die Schöpfung

Positiv: Verwirklichung des ganzen menschlichen Potentials, Leben auf Gott hin

Negativ: Auflösung der Realitätsbezüge, spirituelle Bequemlichkeit

22 = Seelenpartnerschaft

Diese Karte gibt es nur im *Tarot der Liebe.*

Positiv: Begegnung mit dem äußeren oder inneren Seelenpartner, Ausrichtung auf eine ideale Liebe

Negativ: Romantisierung von Beziehungen, Unwillen, Hintergründe und wahre Motive in Partnerschaften zu erkennen

Empfehlenswerte Tarotbücher sind *Zauber des Tarot* (ECON Verlag, Düsseldorf 1996, siehe Anhang »Weitere Titel der Reihe Esoterik & Leben«) sowie *Tarot der Liebe* (Ariston Verlag, Kreuzlingen-München 1989) und *Tarot für Frauen* (Heyne Verlag, München 1995).

7 Zahlen in der Liebe

Welche Zahlenkombinationen bringen welche Lebensthemen?

In diesem Abschnitt finden Sie zunächst einfache und zugleich treffende Schlüsselworte für die Zahlen in der Liebe, um sich allgemein zu orientieren. Diese Schlüsselworte können Sie sowohl auf die Namenszahl, die Vornamenszahl, die Geburtstagszahl oder die Gesamtsumme anwenden.

1 = Erobernde Liebe
2 = Herzliche Liebe
3 = Schöpferische Liebe
4 = Empfindsame Liebe
5 = Flirtende Liebe
6 = Sinnliche Liebe
7 = Prüfende Liebe
8 = Harmonische Liebe
9 = Verschmelzende Liebe
11 (bzw. andere »Meisterzahlen«) = Idealistische Liebe

Wer paßt zu wem?

Fördernd, leicht, »günstig«
– 1 und 2, 1 und 3, 1 und 5, 1 und 8
– 2 und 4, 2 und 6, 2 und 8, 2 und 11
– 3 und 3, 3 und 6, 3 und 7, 3 und 9
– 4 und 6, 4 und 8, 4 und 9, 4 und 11
– 5 und 5, 5 und 8
– 6 und 6, 6 und 9

- 7 und 8, 7 und 11
- 8 und 8, 8 und 11
- 9 und 11

Neutral oder von Fall zu Fall unterschiedlich
- 1 und 1, 1 und 6, 1 und 9
- 2 und 3, 2 und 7, 2 und 9
- 3 und 4, 3 und 8, 3 und 11
- 4 und 4, 4 und 5
- 5 und 6, 5 und 7
- 6 und 8, 6 und 11
- 7 und 7
- 8 und 9
- 9 und 9
- 11 und 11

Herausfordernd, voller Lernaufgaben, »ungünstig«
- 1 und 4, 1 und 7, 1 und 11
- 2 und 2, 2 und 5
- 3 und 5
- 4 und 7
- 5 und 9, 5 und 11
- 6 und 7
- 7 und 9

Beispiel

Wenn Sie nun die »Liebeszahlen« von zwei Partnern miteinander vergleichen, sollten Sie bitte daran denken, daß Sie nur die Vornamenszahl mit der Vornamenszahl, die Geburtstagszahl mit der Geburtstagszahl und so fort vergleichen, um von derselben Grundlage auszugehen.

Nehmen wir an, Petra Reiter, geb. am 12. 7. 1964, und Kai

Ludwig Bornheim (der aber nur Kai genannt wird), geb. am
14. 1. 1961, wollen anhand ihrer »Liebeszahlen« erfahren, ob
und wie und wo sie übereinstimmen und harmonieren oder
in welchem Bereich sie Herausforderungen zu bestehen
haben.

Petra Reiter
7+5+2+9+1 9+5+9+2+5+9

Petras Vornamenszahl ist 6, ihre Namenszahl (Vorname plus
Nachname) ist 9, ihre Geburtstagszahl ist 3, ihre Gesamtzahl
ist ebenfalls eine 3.

Kai Ludwig Bornheim
2+1+9 3+3+4+5+9+7 2+6+9+5+8+5+9+4

Kais gesamte Vornamenszahl ist 7, sein gebräuchlicher Ruf-
name Kai ergibt jedoch eine 3, seine Gesamtnamenszahl ist 1,
seine Geburtstagszahl ist 5, seine Gesamtzahl ist 6.

Partner-Vergleich Petra – Kai
Vornamenszahlen: Sinnliche Liebe – Prüfende Liebe (mit Lud-
wig)
Vornamenszahlen alternativ: Sinnliche Liebe – Schöpferische
Liebe (Kai, ohne Ludwig)
Der Zahlenwert des Vornamens steht für die persönliche
Ausrichtung im Leben. Wenn Kai darauf bestehen würde, Kai
Ludwig genannt zu werden, würde das also seine »Liebes-
schwingung« dahin verändern, daß er der »sinnlichen Liebe«
seiner Petra eher mit einer »prüfenden« als mit einer »schöpferischen« Liebe begegnen würde. Eine kritisch-analytisch
prüfende Einstellung des Mannes zu seiner Umwelt ganz allgemein wird zumindest wohl anfangs dazu führen, daß er auf
die unmittelbare Sinnlichkeit seiner Partnerin nicht so ein-

geht, wie sie es von ihrem Naturell her als ganz natürlich empfindet.

Namenszahlen: Verschmelzende Liebe – Erobernde Liebe
Die Zahl für den ganzen Namen gilt als »Ausdruckszahl« und gibt damit über den Menschen in seinem gesamten Gesellschaftbezug Auskunft. Selbst wenn Petra Kai heiratet und dessen Nachnamen annimmt, bleibt es bei ihrer Zahl 9 für den gesamten Namen und »verschmelzender Liebe« und seiner Zahl 1 und »erobernder Liebe«. Das kann sich durchaus gut ergänzen, wenn seine vorwärtsdrängende Kraft nicht zu ungestüm ist und er vor allem rücksichtsvoll auf ihren Wunsch nach Verschmelzung eingeht.

Geburtstagszahlen: Schöpferische Liebe – Flirtende Liebe
Die Zahlenwerte für die Geburtsdaten weisen auf persönliche Aufgaben hin. Hier wird es für Kai und Petra darauf ankommen, daß sie sich von seiner Leichtigkeit aufbauen läßt, wenn sie gar zu ernsthaft schöpferisch sein will, und daß er ihre Kreativität auch ernst nimmt, anstatt nur seinem Spieltrieb zu folgen.

Gesamtzahlen (Geburtstagszahl plus ganze Namenszahl): Schöpferische Liebe – Schöpferische Liebe
Was den »höheren geistigen Lebenssinn« angeht, für den die Quersumme aus der gesamten Geburtstags- und der gesamten Namenszahl steht, so besteht völlige Übereinstimmung.

Petra und Kai passen numerologisch also in vielerlei Hinsicht zusammen bzw. ergänzen sich harmonisch.

Achten Sie bei Ihren Deutungen darauf, die Wichtigkeit der verschiedenen Zahlen zu unterscheiden. Während sich bei Vornamens- und Geburtstagszahl gut unterschiedliche Kräfte

ergänzen können, kommt es der Erfahrung nach beim Vergleich der Namenszahl bzw. der Gesamtzahlen aus Geburtstag und Namen eher darauf an, echte Übereinstimmungen zu
erzielen.

Sie können auch mit einer Namensänderung Ihre Energie
verändern.

Wenn eine Monika ihren Namen in Monica ändert, so ändert
sie damit auch die Schwingung ihrer Liebeszahl des Vornamens – von 9 zu 1, also von einem Hang zur »verschmelzen-
den Liebe« (oder einer Gefahr zur Selbstaufgabe) zu einer
Tendenz, in Fragen der Liebe selbst das Heft in die Hand zu
nehmen und »zu erobern« (oder sich vor Ent-Täuschungen
schützen zu wollen).

Sicher werden Sie jetzt einfach einmal die Zahlenwerte für
sich und Ihre/n Partner/in oder für Freunde, Eltern, Kinder
und so weiter ausrechnen und vergleichen wollen. Viel Spaß
dabei!

8 Eine numerologische Schnellanalyse des Geburtsdatums

Wir gehen von einem Raster mit 9 Kästchen aus, in dem die neun Zahlen von 1 bis 9 feste Plätze haben:

3	6	9
2	5	8
1	4	7

Wenn ein Platz »belegt« wird durch eine Zahl aus dem Geburtsdatum, dann heißt das, daß das entsprechende Stichwort im Leben dieses Menschen eine wichtige Rolle spielt. Ist ein Platz von mehr als einer Zahl belegt, so verstärkt sich die Aussage noch.

3 Manifestation	6 Erfüllung	9 Verinnerlichung
2 Begegnung, Du	5 Freier Wille	8 Ständiger Wandel
1 Selbstausdruck	4 Formensinn	7 Prüfung, Grenzen

Eine weitere Deutung richtet sich danach, ob eine ganze Achse im Raster »belegt« ist, also entweder eine der drei horizontalen oder der drei vertikalen Achsen, oder eine der beiden Diagonalen.

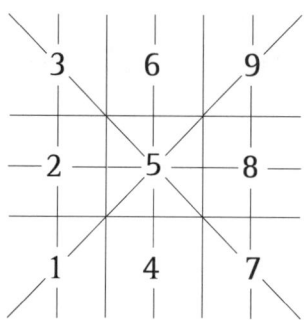

- Die untere Horizontale (1,4,7) ist die Körper-Ebene, das materiell-äußerliche Leben.
- Die mittlere Horizontale (2,5,8) ist die Gefühls-Ebene, die emotionale Empfindungswelt.
- Die obere Horizontale (3,6,9) ist die Ideen-Ebene, die mentale Kreativität.

- Die linke Vertikale (1,2,3) zeigt konkrete Aktivitäten und positive »Macherqualitäten« an.
- Die mittlere Vertikale (4,5,6) deutet auf eine gute Einfühlungsgabe in Menschen und Situationen hin.
- Die rechte Vertikale (7,8,9) weist auf eine tiefe Sensibilität und seelische Empfindsamkeit.

- Die Diagonale der 1 (1,5,9) zeigt spirituelle Neigungen und Gaben an.
- Die Diagonale der 3 (3,5,7) deutet auf die Fähigkeit hin, Probleme zu lösen.

Wenn nun eine oder sogar mehrere dieser Linien mit jeweils einer Zahl aus dem Geburtsdatum »belegt« sind, die demnach eine Achse bilden, so heißt das, daß diese Erfahrungsebene im Leben des Trägers des entsprechenden Geburtsdatums eine besondere Rolle spielt.

Beispiele

Nehmen wir als Beispiel den 21.9.1965. In dieses Raster tragen wir nun das Geburtsdatum auf folgende Weise ein:

– Im ersten Durchgang tragen wir jede Ziffer in das entsprechende Kästchen ein; die 1 und die 9 von 1900 lassen wir jedoch in diesem ersten Durchgang »wegfallen«, weil wir alle in diesem Jahrhundert geboren sind.

Also schreiben wir:

	6	9
2	5	
1		

– Im zweiten Durchgang bilden wir die einstellige Quersumme des gesamten Geburtsdatums, also einschließlich der 1 und der 9 für 1900.
Das ergibt: 2+1+9+1+9+6+5 = 33 = 3+3 = 6.

Wir fügen die Zahl 8 in das Raster ein und erhalten:

	6/6	9
2	5	
1		

Da die Zahl 6 zweimal auftaucht, tragen wir sie auch zweimal ein.

Schnellanalyse 21.9.1965
1: Selbstausdruck ist diesem Menschen wichtig.
2: Die Begegnung mit dem Du spielt ebenfalls eine wesentliche Rolle.
5: Seine Entscheidungsfreiheit – zum Guten wie zum Schlechten – wird er sich immer bewahren wollen.
6: Erfüllung ist als Ziel gleich zweimal angezeigt – dieser Mensch hat also einen starken Drang, Befriedigung durch einen tragenden Lebenssinn zu finden.
9: Verinnerlichung heißt für ihn/sie, das Streben nach Erfüllung durch die Hinwendung an ein höheres Ideal und innere Werte zu verwirklichen.

Zwei weitere Beispiele.
Der 2.8.1946 schreibt sich dann so (die Gesamtquersumme ist eine 5):

	6	
2	5	8
	4	

Schnellanalyse 2.8.1946

Neben den Stichworten bzw. Themen für die Einzelzahlen fällt bei diesem Beispiel auf, daß die Zahlen zwei Achsen bilden, nämlich jeweils die mittlere horizontale und vertikale Achse.

Dieser Mensch ist gefühlsbetont und hat die Fähigkeit, sich intuitiv auch gut auf die Gefühle anderer Menschen einzustellen bzw. die »emotionale Energie« von Situationen zu erfassen und damit umzugehen.

Problematisch könnte für ihn/sie evetuell eine zu große Empfindsamkeit und damit leichte Verletzlichkeit oder heftige Gemütsschwankungen sein.

Der 14.3.1976 schreibt sich so (die Gesamt-Quersumme ist eine 4, deshalb haben wir die 4 zweimal eingetragen):

3	6	
1	4/4	7

Schnellanalyse 14.3.1976

Zusätzlich zu den Einzelstichworten rückt hier die untere Achse in den Mittelpunkt der Deutung. Der Selbstausdruck (1) und der Sinn oder die Freude an Formen und Strukturen (4) wird ernsthaften Prüfungen oder Begrenzungen (7) unterworfen. Da die 4 zweimal auftaucht, ist zu vermuten, daß eine starke »Erdung« vorliegt, und dieser Mensch aus Problemen Chancen für neue Entwicklungen macht.

Am Schluß dieses Einführungsbüchleins in die Zahlenkunde wünsche ich Ihnen von Herzen alles Liebe und Gute. Erinnern Sie sich bitte daran: Soviel Freude und Einsichten die Numerologie auch schenken kann, über allem menschlichen Bemühen, den Charakter und das Schicksal zu entschlüsseln, das Leben zu verstehen und in die Zukunft zu blicken, steht doch eine große schöpferische Kraft, die alle Seelen bewegt, behütet und führt, Ihre wie meine: Gott!

Gebet und Meditation helfen oft weiter, wenn alles andere nicht mehr hilft. In diesem Sinne bitte ich für uns alle um Gottes Segen, sein Licht und seine Liebe!

Anhang

Tabelle der allgemein gültigen Monats- und Jahreszahlen für die letzten Jahre bis zur Jahrtausendwende

1996 = 7

Ein Jahr der Entscheidungen, die uns anscheinend von außen »aufgezwungen« werden und nicht viel Spielraum für persönliche Freiheiten lassen. Jetzt wirkt sich »Karma« aus; das, was wir früher eigenhändig gesät, aufgebaut und verursacht haben, kommt nun mit seinen Früchten zu uns zurück. Wir können uns nicht mehr vor dem Leben »drücken«, sondern müssen uns stellen und akzeptieren, daß es zahlreiche irdische und spirituelle Gesetze gibt, die unsere Existenz bestimmen.

Monatszahlen für 1996

Jan. '96 = 8	Mai '96 = 3 (12)	Sept. '96 = 7
Feb. '96 = 9	Juni '96 = 4	Okt. '96 = 8
März '96 = 1 (10)	Juli '96 = 5	Nov. '96 = 9
Apr. '96 = 2 (11)	Aug. '96 = 6	Dez. '96 = 1 (10)

1997 = 8

Dinge kommen wieder in Fluß, die lange blockiert waren, neue Energie strömt in alte und neue Vorhaben. Wer sich jetzt auf das Leben einläßt - ohne bequem zu werden! -, kann in höhere Dimensionen übergehen. Nutzen Sie dieses Jahr, um nach dem Grundsatz »Was du säest, das wirst du ernten« das Rechte zu tun und die verbleibende Lebenszeit sinnvoll zu nutzen.

Monatszahlen für 1997

Jan. '97 = 9	Mai '97 = 4	Sept. '97 = 8
Feb. '97 = 1 (10)	Juni '97 = 5	Okt. '97 = 9
März '97 = 2 (11)	Juli '97 = 6	Nov. '97 = 1 (10)
Apr. '97 = 3 (12)	Aug. '97 = 7	Dez. '97 = 2 (11)

1998 = 9

Schon vor dem kalendarischen Ende des Jahrzehnts, Jahrhunderts und Jahrtausends geht ein wesentlicher Zyklus der Entwicklung zu Ende. Ob dieser Abschluß eine echte Vollendung und Vervollkommnung bedeutet oder aber ein unfreiwilliges Ende, einen »kleinen Tod«, hängt nach dem Gesetz des Karma davon ab, was wir in den vorangegangenen Jahren des Neuner-Zyklus gesät haben.

Monatszahlen für 1998

Jan. '98 = 1 (10)	Mai '98 = 5	Sept. '98 = 9
Feb. '98 = 2 (11)	Juni '98 = 6	Okt. '98 = 1 (10)
März '98 = 3 (12)	Juli '98 = 7	Nov. '98 = 2 (11)
Apr. '98 = 4	Aug. '98 = 8	Dez. '98 = 3 (12)

1999 = 1 (10)

Anstatt von einem »Schicksalsjahr« zu sprechen, in dem ein großes Unheil droht (oder gar der »Weltuntergang«), sehe ich in diesem Jahr eine eben nur einmal in jedem Jahrzehnt wiederkehrende große Chance, einen echten geistigen Durchbruch auf der Ebene von Gesellschaft, Politik, Kultur und Religion zu erringen. Die Zeichen stehen gut für eine wirklich weltumspannende Völkerverständigung und Befriedung!

Monatszahlen für 1999

Jan. '99 = 2 (11)	Mai '99 = 6	Sept. '99 = 1 (10)
Feb. '99 = 3 (12)	Juni '99 = 7	Okt. '99 = 2 (11)
März '99 = 4	Juli '99 = 8	Nov. '99 = 3 (12)
Apr. '99 = 5	Aug. '99 = 9	Dez. '99 = 4

2000 = 2

Das 1. Jahrtausend, der Aufbruch in neue Außenwelten von 1000 bis 1999 (Erschließung der Erde, Verbindungen unter den Menschen, Entdeckungen der Naturwissenschaft, Entfaltung der Weltwirtschaft) sind nun vorüber. Jetzt geht es um die Entdeckung der Innenwelten, um die Begegnung von Mensch zu Mensch, von Seele zu Gott! »Wir sind zum Mond und zu den Sternen gereist, aber das Herz unseres Nachbarn haben wir noch nicht erreicht«, sagt der große Dichter und Mystiker Sant Darshan Singh (siehe Literaturhinweise). Das neue Jahrtausend wird die Erfahrung bringen, daß wir Seele sind, bewußtes Sein, und als Seele anderen Menschen und unserem Schöpfer begegnen können!

Monatszahlen für 2000

Jan. '00 = 3	Mai '00 = 7	Sept. '00 = 2 (11)
Feb. '00 = 4	Juni '00 = 8	Okt. '00 = 3 (12)
März '00 = 5	Juli '00 = 9	Nov. '00 = 4
Apr. '00 = 6	Aug. '00 = 1 (10)	Dez. '00 = 5

Vordrucke für Berechnungen

Ihre Geburtstagszahl

Geburtstag: . + . = . .
                                            +
Geburtsmonat: . + . = . .
                                            +
Geburtsjahr: 1 + 9 + . + . = . .

– –

Geburtstagszahl   = . + . = Endzahl = . .

Beispiel: 29.10.1963

Geburtstag: 2 + 9 = 11
                                            +
Geburtsmonat: 1 + 0 = 1
                                            +
Geburtsjahr: 1 + 9 + 6 + 3 = 19

– –

Geburtstagszahl   = 31 = 3 + 1 =
                                 Endzahl = 4

Ihre Namenszahl

Umwandlungstabelle für Buchstaben in Zahlen

1	A	J	S	ß = ss
2	B	K	T	ä = ae
3	C	L	U	ö = oe
4	D	M	V	ü = ue
5	E	N	W	
6	F	O	X	
7	G	P	Y	
8	H	Q	Z	
9	I	R		

- Bei der Gesamtzahl des Namens sollten Sie immer den vollen Namen verwenden, wie im Paß oder Personalausweis.
- Adelstitel »von« werden immer ausgeschrieben und als regulärer Namensbestandteil gewertet.
- Akademische Titel (Dr., Prof., Mag., ETH etc.) immer so werten, wie der Titel geführt wird.

Weiterführende Literatur

Deutsche Bücher

Franz Carl Endres/Annemarie Schimmel: **Das Mysterium der Zahl** – Zahlensymbolik im Kulturvergleich, Diederichs Verlag, München 1993

Bernd A. Mertz: **Die Weisheit der Zahlen als Lebenshilfe**, Fischer Verlag, CH-Münsingen 1992

Hans J. Andersen: **Am Anfang war die Zahl**, Imago Mundi – Studienreihe des Kult-Ur-Instituts eV, Pulsar Verlag, Warmsroth 1993, ISBN 3-929068-05-2

Norbert Jürgen Schneider: **Die Kunst des Teilens** – Zeit, Rhythmus und Zahl, Piper Verlag, München

Darshan Singh: **Liebe auf Schritt und Tritt** – Die Wunder Deiner inneren Welt, Fischer Verlag, CH-Münsingen 1990

Kirpal Singh: **Das Mysterium des Todes**, Origo Verlag, Bern 1983

ders.: **Karma** – Das Rad des Lebens, Origo Verlag, Bern 1993

Rajinder Singh: **Heilende Meditation**, Urania Verlag, CH-Neuhausen 1996

Johannes Vehlow, **Astrologie** Bd. VIII, F.W. Peters Verlag, Berlin 1955; leider vergriffen

Englische Bücher

Dusty Bunker: **Numerology and Your Future**, Para Research, Rockport, MA 1980

D. Jason Cooper: **Numerology – The Power to Know Anybody**, The Aquarian Press, Wellingborough, UK 1986

Georg Feuerstein: **Spirituality by the Numbers**, Tarcher/Putnam, New York 1994

Matthew Oliver Goodwin: **Numerology – The Complete Guide** I & II, Newcastle, North Hollywood, CA 1981

Corinne Heline: Sacred Science of Numbers, de Vorss, Marina del Rey, CA 1985

Faith Javane/Dusty Bunker: **Numerology and the Divine Triangle**, Para Research, Rockport, MA 1979

Lloyd Strayhorn: **Numbers and You**, Ballantine, New York 1987

Weitere Titel der ECON-Reihe Esoterik & Leben